Albert MALET

L'ANTIQUITÉ

Classe de Sixième

LA GRÈCE

L'ANTIQUITÉ

Le **Cours complet d'histoire** à l'usage des Lycées et des Collèges, rédigé conformément aux programmes officiels du 31 mai 1902, par M. Albert Malet, professeur d'histoire au lycée Voltaire, comprendra sept volumes in-16 avec gravures et cartes, cartonnage toile.

Premier Cycle. — *Divisions A et B.*

L'Antiquité, avec la collaboration de M. Charles Maquet, professeur de Sixième au lycée Voltaire. Classe de Sixième A et B. Un volume.

1re partie	*L'Orient*. Un volume in-16, cartonné	1 fr. »
2e —	*La Grèce*. Un volume in-16, cartonné	1 fr. »
3e —	*Rome*. Un volume in-16, cartonné	» »

Le Moyen âge et le commencement des Temps modernes (395-1453). Classe de Cinquième A et B. Un volume.

Les Temps modernes (1453-1789). Classe de Quatrième A et B. Un volume.

L'Époque contemporaine (1789-1889). Classe de Troisième A et B. Un volume.

Second Cycle. — *Sections A, B, C, D.*

Histoire moderne (1498-1715). Classe de Seconde. Un volume.

Dix-huitième siècle : Révolution et Empire (1715-1815). Classe de Première. Un volume.

Dix-neuvième siècle (1815-1900). Classes de Philosophie et de Mathématiques. Un volume.

49340. — Imprimerie Lahure, rue de Fleurus, 9, Paris.

COURS COMPLET D'HISTOIRE
A L'USAGE DE L'ENSEIGNEMENT SECONDAIRE

Albert MALET
Professeur agrégé d'histoire au Lycée Voltaire

L'ANTIQUITÉ

ORIENT — GRÈCE — ROME

Rédigé conformément aux programmes du 31 Mai 1902

AVEC LA COLLABORATION DE
M. Charles MAQUET
Professeur de Sixième au Lycée Voltaire

CLASSE DE SIXIÈME A et B

2e PARTIE

LA GRÈCE

PARIS
LIBRAIRIE HACHETTE ET Cie
79, BOULEVARD SAINT-GERMAIN, 79

1903

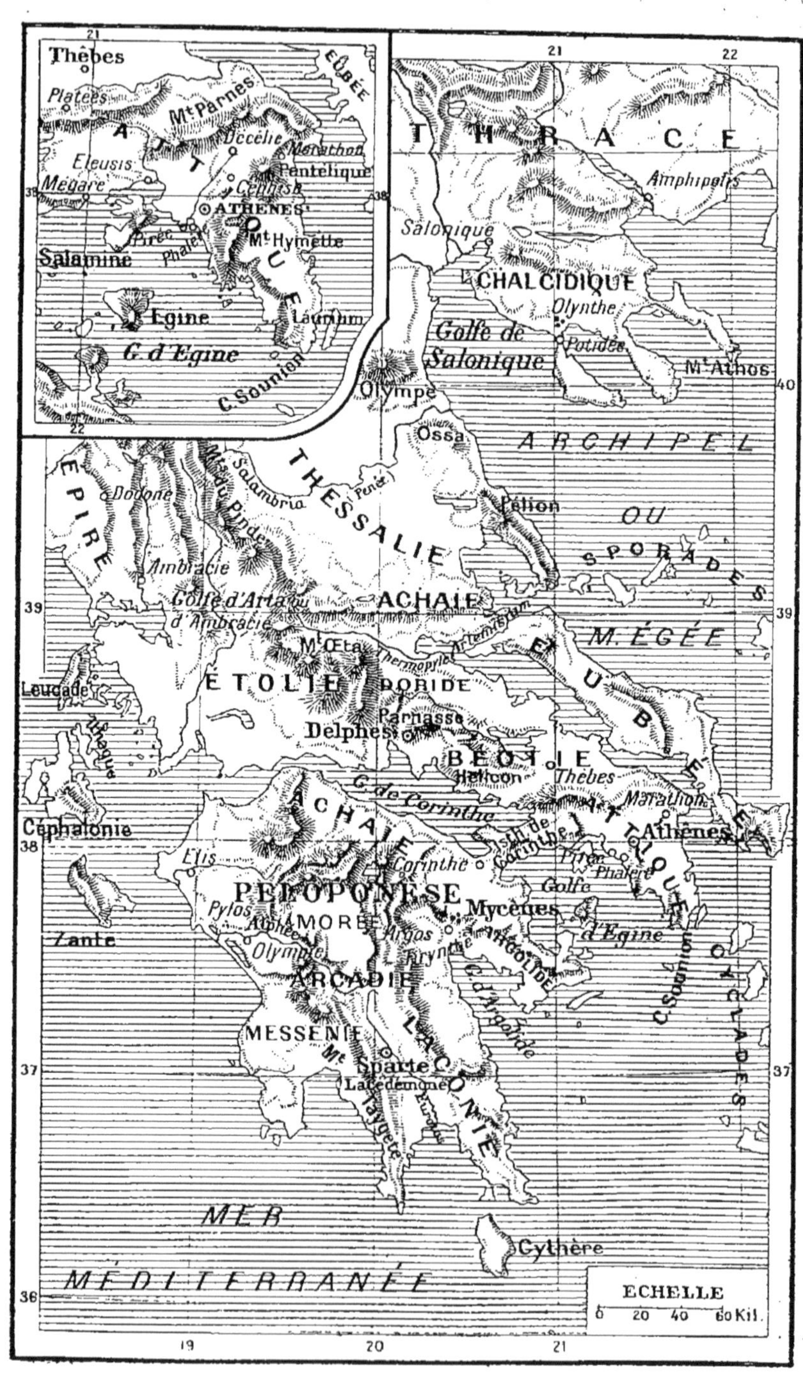

La Grèce Continentale.

CHAPITRE I

LA GRÈCE — LE PAYS L'HOMME — LA PREMIÈRE CIVILISATION

Étudier l'histoire des Grecs — ils s'appelaient eux-mêmes les *Hellènes*, — c'est étudier les origines de notre civilisation. C'est d'eux que nous tenons beaucoup de nos manières de sentir et de penser. Leurs chefs-d'œuvre sont les modèles dont se sont inspirés pendant des siècles et s'inspirent encore nos artistes, nos écrivains et nos orateurs. Ils nous ont enseigné la foi dans la raison humaine, l'amour de la patrie et de la liberté. L'heureuse situation de leur pays à l'extrémité de la Méditerranée leur a permis de remplir dans l'humanité une sorte de mission providentielle. Par la mer, en effet, ils touchaient à l'Asie où ils s'instruisirent ; par la mer aussi ils portèrent à l'Europe et les civilisations de l'Asie et les inventions de leur propre génie.

Les Grecs habitaient les rivages et les îles de la mer Égée ou mer de l'Archipel, véritable lac grec. Il y eut une Grèce continentale et une Grèce maritime.

GRÈCE CONTINENTALE

La Grèce continentale — l'*Hellas* — comprend la partie inférieure de la péninsule des Balkans, la plus orientale et la plus montueuse des trois péninsules méditerranéennes de l'Europe. A l'extrémité de la péninsule, sorte de tronc continental, se soude, par l'isthme de Corinthe, une petite presqu'île, en forme de main ouverte ou de feuille de platane selon la comparaison d'un ancien : c'est le Péloponèse, aujourd'hui la Morée. La Grèce est enveloppée à l'est par la mer Égée, qui la sépare de l'Asie ; à l'ouest par la mer Ionienne, qui la sépare de la Sicile et du sud de l'Italie. Au nord il n'existe pas de frontière naturelle. D'après Strabon, un géographe grec, la limite ancienne de la Grèce pourrait être marquée par une ligne partant, à l'ouest, du golfe d'Arta — jadis golfe d'Ambracie — et aboutissant, à l'est, sur le golfe de Salonique au massif de l'Olympe et à l'embouchure de la Salambria — jadis le Pénée. C'est à peu près la frontière actuelle du royaume de Grèce.

La plus grande longueur du nord au sud est de 410 kilomètres — distance de Paris à Limoges; — la plus grande largeur est de 210 kilomètres — distance de Paris à Bourges. — La superficie est de 55500 kilomètres carrés, soit le dixième de notre France.

MONTAGNES ET PLAINES

Le pays est comme hérissé de montagnes, aux pentes raides et difficiles à escalader; elles sont généralement faites de roches calcaires, le plus souvent dénudées, et sous le soleil très vif, dans l'air très limpide, elles étincellent de blancheur. Les soulèvements s'enchevêtrent, tantôt séparés par des vallées étroites et profondes où les arbres au long des cours d'eau font des couloirs de verdure; tantôt enveloppant de leurs contreforts de petites plaines, vraies cuvettes, fonds d'anciens lacs où le sol est propre à la culture et qu'ombragent des vergers d'oliviers. Telle la plaine de Thessalie, celles de Thèbes, d'Athènes, d'Argos, de Sparte. Les montagnes les plus célèbres sont le Pinde; l'Olympe, séjour des dieux; l'Ossa; le Pélion; le Parnasse et l'Hélicon, résidences d'Apollon et des Muses; l'Hymette fameux par ses abeilles; le Pentélique réputé pour ses marbres. Dans le Péloponèse, qu'on a appelé une Auvergne hellénique, se dresse le haut plateau d'Arcadie terminé vers le sud par la puissante chaîne du Taygète.

La disposition du relief a été d'une importance capitale pour l'histoire des Hellènes. Le pays étant divisé en un grand nombre de cantons isolés, chacun de ces cantons est devenu le centre d'un petit État, le plus souvent moins étendu qu'un arrondissement de nos départements, mais toujours attaché avec passion à son indépendance. C'est ainsi qu'il y eut des républiques d'Athènes, de Sparte, de Thèbes, etc., mais *il n'y eut jamais un État grec*; l'*unité* ne fut jamais réalisée.

GRÈCE MARITIME

Un autre fait a dominé l'histoire des Grecs. Tandis que partout la montagne leur fermait la terre et ne leur laissait pas la place de s'étendre, partout la mer venait comme au-devant d'eux. Ce petit pays compte parmi les mieux découpés du monde : tels de ses golfes,

DANS LA VALLÉE DE TEMPÉ. — D'après une photographie.
La Grèce est couverte de montagnes, généralement abruptes, blanches et revêtues d'une maigre végétation; les arbres ne poussent guère qu'au long des cours d'eau où ils font comme des couloirs de verdure.

le golfe de Corinthe et le golfe d'Égine, à peine séparés par une langue de terre de cinq kilomètres, pénètrent la péninsule dans toute sa largeur. Nulle part les golfes n'avancent plus avant dans les terres; nulle part les caps ne sont plus effilés. Aussi la Grèce, dix fois plus petite que la France, pos-

Une vue du golfe d'Égine.

La mer pénètre profondément dans la presqu'île grecque; elle dessine, entre ses montagnes, des golfes sinueux et des caps élevés, et y crée mille ports naturels.

sède-t-elle plus de 2000 kilometres de côtes : c'est la longueur du littoral français sur la mer du Nord, la Manche et l'Atlantique. Il n'était pas un canton, pas une république qui n'eût ses baies et ses promontoires, baignés par les lames bleues de la Méditerranée.

En outre la Grèce est comme enveloppée d'îles. Les unes sont si proches de la terre ferme qu'elles en paraissent le prolongement : ainsi l'Eubée, séparée du continent par un chenal à peine plus large en certains points que la Seine à Paris. Les autres, telles que les Cyclades, jetées à travers la mer Égée comme les pierres au gué d'un ruisseau, jalonnent le passage entre l'Europe et la côte d'Asie où d'autres Grecs peuplaient les grandes îles, Lesbos, Chios, Samos, Rhodes. La mer Égée n'était qu'un lac grec où pas un instant le navigateur ne perdait la terre de vue. Aussi le plus timide prenait-il confiance et osait-il affronter le passage, certain de trouver tout proche un abri contre le péril imprévu, le coup de vent brusque, l'orage soudain. La montagne fit des hommes épris de liberté; la mer fit des marins et des commerçants. Elle mit les Grecs en contact avec les peuples de l'Orient: ils lui durent ainsi les premiers éléments de civilisation. C'est elle qui, leur donnant la richesse, a permis à des États de très petite étendue, réduits presque à une ville, de devenir le centre de véritables empires méditerranéens. C'est elle qui explique la grandeur d'Athènes et le rôle qu'elle a joué dans l'histoire de l'humanité.

LE CLIMAT

A l'influence des montagnes et de la mer il faut ajouter celle du climat. Dans la région du Nord on rencontre les céréales et les produits de l'Europe centrale; dans les vallées du Sud et dans les îles on trouve la vigne, le figuier, l'olivier, l'oranger, le citronnier, même le palmier. Nulle part le climat n'est assez chaud ni assez froid pour paralyser l'énergie et l'activité de l'homme. L'air limpide et le ciel lumineux eurent aussi une heureuse influence sur le Grec d'intelligence si vive et si claire.

LE PEUPLE

Enfin il faut faire une large part au génie naturel, industrieux, subtil et entreprenant de la race grecque, si l'on veut expliquer son rôle dans l'antiquité.

Les Grecs se disaient et se croyaient *autochtones*, c'est-à-dire nés du pays même. En réalité ils étaient venus d'Asie. Ils étaient parents des Mèdes et des Perses, et comme eux appartenaient à la race aryenne ou indo-européenne. Les statues, les dessins, les peintures qui ornent les vases les représentent assez grands et bien musclés, avec des membres admirablement proportionnés. Le visage, encadré de barbe, était régulier; le front était rétréci par une abondante chevelure généralement blonde, tantôt courte et bouclée, tantôt tombant en longues mèches sur les épaules; les yeux étaient grands et brillants, les lèvres fines; enfin, signe caractéristique de la race grecque, le nez droit continuait directement le front. C'était là le type grec, dans toute sa perfection, vrai modèle de beauté : on le rencontre assez rarement aujourd'hui parmi les descendants des anciens Hellènes; peut-être était-il exceptionnel, même dans l'antiquité.

TYPE DE LA BEAUTÉ GRECQUE.
L'HERMÈS DE PRAXITÈLE, sculpteur athénien, v. 350

Le type grec dans toute sa pureté était caractérisé par le nez droit prolongeant directement la ligne du front.

Les Grecs donnaient le nom de *Pélasges* aux premiers habitants de leur pays. Les Pélasges mirent le sol en culture et on leur attribuait la construction des plus anciennes villes. Ils furent en contact avec les Phéniciens, maîtres du commerce méditerranéen et qui avaient créé de nombreux comptoirs sur les côtes. C'est d'eux qu'ils apprirent la navigation. Se lançant à leur tour sur la mer, les Pélasges auraient poussé jusqu'en Égypte où des inscriptions du temps de la XXe dynastie les mentionnent sous le nom de *Danaens* ou de *peuples de la mer*.

TYPES GRECS ARCHAIQUES.
D'après un vase trouvé à Mycènes.

On ne retrouve pas dans ce dessin presqu'enfantin de l'époque mycénienne la régularité classique des traits. Le visage est encadré de barbe, les cheveux pendent derrière la tête : la coiffure, une calotte carrée, est pareille à celle que portent aujourd'hui les Albanais d'Épire.

Après les Pélasges vinrent les *Hellènes* qui n'étaient sans doute qu'une tribu pélasgique. Parmi les Hellènes, on distingua quatre tribus principales, différentes par les mœurs et par des nuances de langage. C'étaient d'abord les *Achéens* et les *Éoliens*, puis les *Doriens*, peuple de montagnards et de rudes paysans; enfin les *Ioniens*, peuple de marins et de commerçants. Les Doriens dominèrent dans le Péloponèse et la Grèce continentale; les Ioniens sur les bords de la mer Égée et dans la Grèce maritime.

LES LÉGENDES DES ORIGINES

Les Grecs, ignorant l'histoire de leurs origines, l'avaient remplacée par des légendes.

Le premier homme avait été pétri d'un peu d'argile par le géant Prométhée. Pour animer sa créature Prométhée avait dérobé le feu à Zeus. Zeus pour se venger fit clouer Prométhée sur le sommet du Caucase. Là, un vautour devait lui déchirer éternellement le flanc. La colère de Zeus s'appesantit ensuite sur les hommes : il les anéantit par un déluge. Mais Deucalion, fils de Prométhée, échappa sur une barque à l'inondation et repeupla la terre quand les eaux se furent retirées. Il jetait des pierres par-dessus son épaule et de chacune d'elles naissait un homme. L'un de ses fils s'appela Hellen : il fut l'ancêtre des *Hellènes*, les Grecs. Hellen eut à son tour deux fils, *Doros* et *Eolos*, puis deux petits-fils, *Ion* et *Achéos*. De ces quatre descendants d'Hellen naquirent les quatre grandes familles des Hellènes à savoir : les *Doriens*, les *Éoliens*, les *Ioniens* et les *Achéens*.

Dans d'autres légendes on retrouve le souvenir d'établissements de colons étrangers en Grèce, en particulier le souvenir de l'influence civilisatrice des Phéniciens et des Égyptiens. Thèbes honorait comme fondateur un Phénicien, *Cadmus*. Il était parti à la recherche de sa sœur Europe enlevée par Zeus, métamorphosé en taureau, et se fixa en Grèce sur l'ordre de l'oracle de Delphes.

Athènes avait été fondée par un Égyptien, *Cécrops*; un autre Égyptien, *Danaüs*, avait bâti Argos. Le Péloponèse — île de Pélops — devait son nom a *Pélops*, fils du roi de Lydie Tantale, ancêtre d'Agamemnon, le roi de Mycènes.

LES VILLES CYCLOPÉENNES MYCÈNES

Les premiers peuples qui occupèrent la Grèce bâtirent des villes dont les murs construits avec des blocs énormes faisaient l'admiration des Grecs et nous étonnent encore aujourd'hui. Telles furent *Pylos* — aujourd'hui le fort de Samikon — sur l'Alphée, *Tirynthe* et *Mycènes* en Argolide. Les Grecs en attribuaient la construction à une race de géants, doués d'une force plus qu'humaine, les *Cyclopes*. Les murs sont faits le plus souvent de blocs irréguliers, qu'aucun ciment ne relie et qui tiennent en place par leur seul poids. Telle de ces pierres, au Trésor d'Atrée, à Mycènes, longue de 9 mètres, épaisse de 6, doit peser environ 120 000 kilogrammes, plus que la plus grosse des locomotives.

Les ruines de Mycènes ont été explorées en 1876 par un archéologue allemand Schliemann. Les fouilles ont amené la découverte de nombreux objets, armes, bijoux d'une grande richesse, qui témoignent d'une civilisation déjà avancée et où l'on peut reconnaître l'influence de l'Orient.

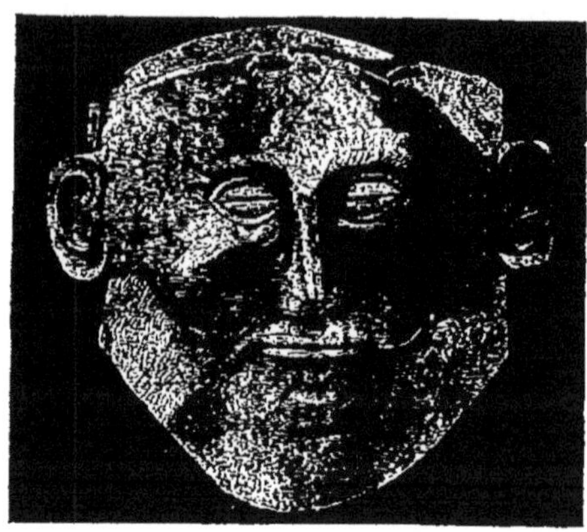

MASQUE DE MYCÈNES.

Sur ce masque d'or trouvé dans un tombeau, sur un corps embaumé, on retrouve le nez caractéristique du type grec; une longue barbe encadre le visage.

Mycènes était une ville composée de deux parties : une ville haute, l'*acropole*, c'est-à-dire la citadelle, élevée sur un plateau large et long d'environ 1000 mètres; une ville basse, qui s'étendait dans la plaine. L'acropole avait deux enceintes fortifiées, la ville n'en avait qu'une. Les murs avaient environ 9 mètres de hauteur et 5 mètres d'épaisseur. On entrait dans l'acropole par la *Porte des lions*, ainsi nommée parce que les deux montants de la porte étaient surmontés d'une grande plaque triangulaire où deux lions debout étaient sculptés en bas-relief. Les têtes des lions étaient en bronze. Dans l'acropole même on a découvert six grands tombeaux creusés dans le roc. Ce sont des sépultures royales, car les cadavres étaient revêtus d'ornements d'or, de diadèmes, de riches armes et de bijoux. L'un d'eux était embaumé et portait, comme les momies égyptiennes, un masque, fait ici d'une plaque d'or.

VASE D'ARGENT DE MYCÈNES.

Sa forme rappelle les tasses de nos vignerons; elle est richement décorée de têtes ciselées et ornées d'émaux de couleur : on a vu plus haut deux de ces têtes.

Dans la ville basse se trouve un monument à coupole en forme de ruche, haut de 15 mètres, et qui garde les traces d'une belle

MYCÈNES. — Porte des Lions.

Porte principale de l'Acropole dans une muraille faite de blocs énormes et sans ciment. Le linteau surmonté des lions a **4ᵐ. 50 de long**; *la porte a 3 mètres de large et 3 de haut. Comparer la grandeur de la porte et du personnage.*

décoration. On l'appelle le Trésor d'Atrée, père d'Agamemnon, mais ce fut sans doute un tombeau.

Mycènes dut sa richesse à sa position; elle gardait sur la montagne le col où passe la route la plus courte du golfe d'Argolide au golfe de Corinthe. De nombreux marchands empruntaient cette route et les habitants de Mycènes devaient percevoir des droits de passage sur leurs caravanes, comme faisait Salomon en Judée, comme font aujourd'hui, dans la même péninsule des Balkans, sur les routes de l'Adriatique à Salonique, un certain nombre de tribus albanaises.

D'après les poètes, Mycènes eut des rois puissants. Le plus célèbre fut Agamemnon, appelé le *roi des rois* dans les poèmes homériques; il aurait commandé en chef une expédition générale des Grecs contre une ville d'Asie, *Troie*.

TROIE

Troie était construite presque à l'entrée du détroit des Dardanelles, sur une colline dominant la plaine inférieure du fleuve *Scamandre*. Schliemann, de 1870 à 1882, fit fouiller la colline. Il retrouva les ruines de six villes superposées; les ruines de la cinquième couche portaient des traces d'incendie et se trouvaient ensevelies sous des cendres. Schliemann conclut qu'il avait retrouvé la ville détruite par Agamemnon et qui, d'après les poèmes, avait pour roi *Priam*. Les objets trouvés dans les ruines paraissent en réalité beaucoup plus anciens que ceux qu'il a retrouvés à Mycènes. Mais il reste certain qu'il y eut une Troie en Asie et que cette ville fut une solide forteresse.

LA GUERRE DE TROIE

Il est vraisemblable qu'il y eut des actes de piraterie de la part des rois d'Asie et des coalitions des Grecs pour en tirer vengeance. La guerre de Troie fut sans doute une expédition de ce genre.

Pâris, fils de Priam, roi de Troie, enleva Hélène, femme de Ménélas, roi de Sparte et frère d'Agamemnon, roi de Mycènes.

Agamemnon, pour venger l'outrage fait à son frère, convoqua les princes grecs et fut élu chef d'une flotte confédérée qui détruisit Troie après dix ans de siège. Les péripéties de la guerre et les aventures des héros qui y prirent part font le sujet des poèmes homériques, et le sujet est devenu immortel comme l'œuvre elle-même.

LES POÈMES HOMÉRIQUES

Les poèmes homériques étaient de longs récits en vers que des poètes, appelés *aèdes*, déclamaient avec accompagnement de musique, aux repas et aux réunions des rois et des chefs. Ils ressemblent aux *chansons de geste* que les troubadours chantaient dans les châteaux du moyen âge et aux poèmes historiques serbes du dix-neuvième siècle que les récitateurs populaires déclament jusque dans les fêtes des paysans, en s'accompagnant d'une sorte de violon, la guslé.

C'est de l'histoire merveilleuse où tous les événements sont mis au compte de héros au grand cœur, aidés par les dieux qui interviennent en personne dans les affaires des hommes. Cette poésie historique atteint à une grande beauté par la vérité des peintures, des sentiments et des portraits, par la grandeur simple de l'expression, par la justesse du détail. Les mœurs, le langage, les costumes, les croyances y sont dépeints avec une exactitude scrupuleuse, et le chef-d'œuvre littéraire est en même temps un des meilleurs documents sur la Grèce ancienne.

Parmi ces poèmes, les plus célèbres sont l'*Iliade* et l'*Odyssée*. On les appelle *Homériques* parce que longtemps on les a crus l'œuvre d'un seul poète nommé *Homère*. On y voit maintenant un arrangement de plusieurs rapsodies, c'est-à-dire de poèmes différents sur un même sujet.

L'ILIADE

L'*Iliade* chante les mœurs guerrières et les grands combats que se livrèrent les hommes et les dieux devant Troie ou Ilion assiégée pendant dix ans. Le sujet est le récit de la colère d'Achille. Ce héros, fils de la déesse Thétis et le plus brave des Grecs, irrité contre Agamemnon, s'est retiré sous sa tente. Pendant ce temps Hector, fils de Priam, à la tête des Troyens, donne l'assaut au camp grec, commence à incendier la flotte grecque et tue Patrocle, l'ami d'Achille. A cette nouvelle, Achille, transporté de fureur, revêt une armure forgée par Vulcain et sème la mort parmi les Troyens. Hector tombe bientôt sous ses coups que dirige la déesse Pallas Athéné.

L'ODYSSÉE

L'*Odyssée*, composée longtemps après l'*Iliade*, est le poème de la mer et des champs. Ulysse, *Odysseus*, poursuivi par la colère de certains dieux, ballotté sur les flots depuis son départ de Troie, fait naufrage à l'île des

Phéaciens. Accueilli par le roi du pays, il lui raconte ses aventures extraordinaires et obtient de lui un vaisseau qui le ramène à Ithaque. Il trouve son palais envahi par des chefs qui, le croyant mort, veulent épouser sa femme, la fidèle Pénélope. Celle-ci a su habilement les faire attendre jusqu'au jour où Ulysse enfin revenu, aidé de son fils qui l'a reconnu, massacre les prétendants et redevient le maître chez lui. D'après de très récents travaux de M. Bérard, l'*Odyssée* paraît être une transcription poétique de renseignements géographiques d'une grande précision, réunis par un peuple de marins pour servir de guide aux navigateurs.

CIVILISATION HOMÉRIQUE

Les détails que donnent les poèmes homériques se rapportent à des hommes qui vivaient bien après les héros dont les restes ont été trouvés à Mycènes. Ces poèmes, composés probablement au IXe siècle, nous décrivent la vie grecque du IXe siècle.

Dans ces temps lointains, les Grecs, qui s'appellent alors *Achéens*, sont divisés en petites royautés. Dans chacune d'elles la terre appartient à un petit nombre de chefs de famille qui font cultiver le sol par leurs serviteurs, hommes libres et esclaves. Ces nobles sont de véritables patriarches, maîtres absolus de leurs biens, de leur famille et de leurs gens. Ils ont le titre de *roi* qui signifie alors chef de tribu, et de fait ils ont des mœurs de chefs barbares, travaillant de leurs mains et mangeant avec leurs serviteurs. Ils s'assemblent dans certains cas pour former le conseil que préside le roi véritable.

LE ROI

Le roi n'est qu'un chef dont l'autorité est reconnue par les autres chefs, ses pairs. Il ne se distingue pas d'eux par le costume, mais il porte un bâton de commandement ou sceptre, insigne de sa dignité. Il commande à la guerre, préside les cérémonies religieuses et rend la justice en plein air. Il appartient toujours à une famille qui prétend descendre des dieux, ce qui augmente son prestige.

Le roi habite dans un palais ; mais il ne faut attacher à ce mot aucune idée de luxe ou de magnificence. Le palais est seulement une maison plus grande que les autres. Il se compose de deux parties : le *thalamos*, ou appartement privé de la famille, construit en pierre : et le *megaron*, grande salle publique construite en bois où se réunissent les hommes pour les repas. De vastes cours et des dépendances pour les provisions et les serviteurs complètent l'édifice. Dans le megaron, le roi et les chefs se livrent à de grands festins où l'on rôtit des bêtes entières, bœuf, mouton, porc, chèvre, devant le foyer qui occupe le milieu de la pièce. Ce megaron n'est en réalité qu'une sorte de grange avec un sol en terre battue, sans plancher ni cheminée, encombrée d'armes et de détritus de toutes sortes.

LA GUERRE La guerre, telle que la décrit l'*Iliade*, se fait d'une façon toute barbare. Chaque tribu combat à part, sous le commandement du roi et des chefs. Les guerriers, à pied, portent le casque et le bouclier avec leurs armes natio-

GUERRIER MYCÉNIEN SOLDATS DES GUERRES MÉDIQUES

D'après des vases peints.

Le rapprochement de ces dessins, l'un enfantin, l'autre très habile, montre que le costume militaire grec ne s'est pas beaucoup modifié dans la suite des temps. Le guerrier Mycénien à grande barbe est coiffé d'un casque probablement en cuir, avec crinière pendant en arrière, et deux cornes pointant en avant. Il a une cuirasse, sous laquelle passe une tunique formant une sorte de jupon frangé; au bras gauche, un bouclier échancré dans le bas; à la main droite une lance; aux jambes des guêtres; il est chaussé de sandales retenues par des courroies entrelacées jusqu'à mi-jambe. Les deux soldats ont en plus l'épée suspendue dans le dos

nales, arc, fronde, hache, javeline ou massue. Les chefs ont une armure complète et combattent en char, avec la lance et l'épée. Dans les batailles, les guerriers se rangent en ligne tandis que les chefs, s'avançant sur leurs chars entre les deux armées, provoquent les héros ennemis en les injuriant et engagent les grands combats singuliers que chanteront les poètes. Souvent les deux armées cessent de combattre pour suivre en spectatrices l'un de ces duels. Il n'y a pas encore d'art des sièges. Devant Troie, les

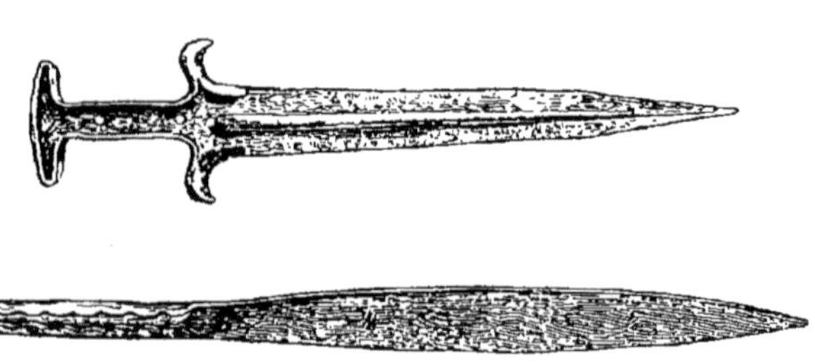

ÉPÉE DE BRONZE ET POINTE DE LANCE TROUVÉES A MYCÈNES.

Grecs ne construisent ni tours, ni tranchées. Ils s'abritent dans un camp fortifié où leurs navires sont tirés à terre et alignés comme des maisons. Pour prendre la ville, ils ne savent que tenter l'escalade.

LA VIE DOMESTIQUE

L'*Odyssée* montre la simplicité des mœurs pendant la paix. Les héros, si fiers au combat, sont, dans leur palais, dans leurs fermes et leurs châteaux, des maîtres pacifiques, de bons campagnards qui surveillent eux-mêmes la cuisson des viandes, qui traitent bien leurs esclaves et qui travaillent comme eux et avec eux. Ulysse est chez lui maçon et ébéniste : il a construit les murs de sa chambre et fabriqué son lit en bois d'olivier incrusté d'or, d'argent et d'ivoire. Nausicaa, fille de roi, s'en va avec ses servantes faire la lessive et laver tout le linge de la famille. La femme est respectée comme mère de famille et comme intendante, tout se fabriquant à la maison ; mais elle ne doit pas se mêler aux réunions des hommes. « Retourne à tes appartements, dit Télémaque à sa mère, la reine Pénélope, occupe-toi de tes travaux, du fuseau, de la toile. Ordonne à tes servantes d'achever leur tâche. Les discours sont réservés aux hommes et à moi surtout qui suis le maître dans ce palais. » L'étranger est accueilli avec empressement, une grande dignité et une parfaite courtoisie ; il est, comme le mendiant, l'envoyé de Zeus ; son arrivée est l'occasion de fêtes et de festins où on lui fait conter ses aventures ; à son départ on le comble de cadeaux.

Le costume, très simple, nous est connu par les conseils que le poète Hésiode donne pour l'hiver. On se chaussait « de bons morceaux de peau de bœuf, bien doublés de chaussons de laine ». On se vêtait d'une longue tunique. De quelques peaux de chevreaux cousues avec des tendons de bœufs on faisait une couverture pour les épaules, et un manteau de pluie. « Procure-toi aussi, disait le poète, un bonnet de laine, propre à t'envelopper la tête et à garantir tes oreilles de l'humidité. »

Ce costume rappelle celui que portent encore aujourd'hui les paysans des montagnes des Balkans. L'on retrouve chez les plus riches d'entre eux la même simplicité de mœurs, alliée à une politesse pleine de dignité. L'on se représente très bien les chefs primitifs grecs, quand on a vu un président de la Chambre des députés, en Serbie, pousser la charrue, descendre à la cave et surveiller le rôti, de l'air d'un roi recevant un roi.

VASE ATTIQUE DE STYLE ARCHAÏQUE.

Les Grecs ont excellé dans l'art de la terre cuite et spécialement dans la poterie. Ils ont inventé pour leurs vases de nombreuses formes, en général très élégantes et d'une grande simplicité. Ces vases sont décorés de peintures, le plus souvent noires sur fond rouge, représentant des scènes historiques ou mythologiques et qui constituent de précieux documents sur les costumes, les usages, les attitudes familières des Grecs.

CHAPITRE II

DIEUX ET HÉROS

LES LÉGENDES GRECQUES

Les Grecs avaient des âmes d'artistes. Enivrés par le spectacle de la nature, ils en firent un objet d'adoration et leur religion est demeurée jusqu'à nous la plus belle des poésies.

Les forces de la nature, que la science n'expliquait pas encore, apparurent aux Grecs comme de grands êtres mystérieux, doués d'une volonté et de sentiments semblables à ceux de l'homme. Ils en firent des dieux.

D'autre part, la piété des enfants ne se résigna pas à croire que la mort les séparait pour toujours de leurs parents. Ils crurent que par delà le tombeau le défunt continuait à vivre en pensée avec sa famille et qu'en lui rendant des honneurs on s'en faisait un protecteur. Il y eut donc deux religions et deux cultes : une religion publique et le *culte des dieux*; une religion domestique et le *culte des ancêtres*.

LES DIEUX Les Grecs prirent l'habitude de parler des phénomènes de la nature avec des comparaisons tirées des actes familiers aux hommes. Ils faisaient ce que font nos poètes quand ils emploient des expressions imagées. Pour marquer l'éclat du soleil, ils disaient : « Apollon lance ses dards », alors que nous disons : « le soleil darde ses rayons ». Dans ce langage, le mot qui désigne le soleil devient peu à peu un nom propre. Sous ce nom, l'imagination des fidèles se représente un personnage puissant dont on cherche à obtenir les faveurs et que surtout l'on évite de mécontenter.

Tout ce que l'homme admire ou redoute dans la nature, la foudre, la tempête, la lumière du jour, la fraîcheur des montagnes ou le murmure des vagues, parut aux Grecs des manifestations de puissances divines. Ils se crurent entourés d'une foule

Les rochers de Delphes. — D'après une photographie.

Delphes, célèbre par son oracle, était l'un des principaux sanctuaires d'Apollon. Le village de Kastri, que l'on aperçoit à gauche, recouvrait l'emplacement du sanctuaire : l'École française d'Athènes l'a démoli pour ses fouilles. On retrouve dans cette photographie les aspects caractéristiques des montagnes grecques, le rocher abrupt, blanc et dénudé.

d'êtres invisibles qu'ils adorèrent en faisant d'eux des personnes et en leur donnant un nom. Cette religion à plusieurs dieux s'appelle de deux mots grecs : le *polythéisme*.

Les dieux, tels que se les figuraient les Grecs, étaient des hommes, des femmes et des jeunes gens dont la force, l'intelligence et la beauté ne pouvaient ni s'altérer, ni périr. Tout en eux était supérieur à la nature humaine : la dimension du corps, la majesté du visage, la grandeur des pensées et la violence des passions. Ils étaient immortels et leurs traits resplendissaient d'une éternelle jeunesse. Ils vivaient, à la façon des chefs grecs, dans un palais situé sur le mont Olympe. Là ils tenaient conseil sous la présidence de Zeus, ou prenaient part à des festins où Ganymède et Hébé, serviteurs divins, leur versaient le nectar et l'ambroisie. Cette façon de représenter les dieux sous une forme humaine s'appelle l'*anthropomorphisme*.

ZEUS.
D'après un vase peint.

Le souverain des Dieux a le front ceint d'une bandelette; le diadème, *insigne royal. Ses cheveux tombent en longues boucles sur ses épaules. Il tient dans sa main droite la foudre; le sceptre dans la main gauche. Il est vêtu d'une robe plissée, le* chiton *et drapé dans un manteau, l'*himation.

L'imagination populaire prêta à ces dieux des habitudes semblables à celles de l'homme. Il y eut entre eux des parentés et des mariages, des rivalités et des unions. Ils se mêlèrent aussi aux mortels et leurs aventures furent le sujet d'une foule de récits ou *mythes* dont l'ensemble forme la *mythologie*.

D'autre part, la religion des dieux était locale. Tout en s'appelant du même nom le dieu d'une ville n'était pas le même que celui de la ville voisine. Il y avait ainsi un grand nombre de Zeus et d'Apollons, que l'on distinguait par un surnom. Zeus était particulièrement adoré à Olympie; Héra à Argos; Athéné, à Athènes. En général, le Grec ne reconnaissait pour protecteur que le dieu de sa ville.

Les Latins, formés aux lettres et aux arts par les Grecs, s'appliquèrent à confondre leurs dieux nationaux avec les dieux de la Grèce. Ils nous ont légué la coutume de désigner les dieux grecs par des noms latins. Nous donnons aux dieux leur double nom dans l'énumération suivante.

DIEUX DE L'AIR

Toutes les forces du ciel sont personnifiées dans *Zeus* (Jupiter) qui lance la foudre et, à son gré, assemble ou dissipe les nuages. Il représente aussi l'ordre dans la nature et, à ce titre, il est le maître du monde, le père tout-puissant des dieux et des hommes.

La pureté du ciel est *Héra* (Junon), l'épouse de Zeus. La pluie qui tombe du ciel et pénètre dans le sol est *Hermès* (Mercure) qui porte les ordres de Zeus et conduit les âmes aux Enfers. L'arc-en-ciel est *Iris*, la messagère des dieux. Le soleil est le jeune et radieux *Apollon* (Phœbus), l'archer divin aux flèches d'or, dieu bienfaiteur quand il dessèche les marais, et dieu terrible quand il frappe de l'insolation. La lune est la blanche *Artémis* (Diane), la vierge chasseresse dont l'arc d'argent frappe les fauves des montagnes. Les vents eux-mêmes ont un nom. Ce sont : Borée, le vent du Nord ; Notos, le vent du Sud ; Euros, le vent de l'Est ; Zéphyros, le vent de l'Ouest. Ils obéissent à leur maître *Éole*, qui les tient enfermés dans les cavernes du volcan Etna.

DIEUX DE LA MER

Les Grecs avaient divinisé tous les aspects de la mer, leur seconde patrie. La mer, tour à tour favorable ou terrible, c'est *Poseidon* (Neptune) qui, de son trident, soulève et apaise les tempêtes. La mer qui borde les côtes est *Amphitrite*, son épouse. La mer calme est représentée sous les traits du vieux *Nérée*. Aux embouchures des fleuves réside la déesse *Thétys* aux pieds d'argent. Dans le tumulte des flots les Grecs entendent les trompettes des *Tritons*; et dans le balancement des vagues ils voient la grâce des *Néréïdes*. Ces dieux marins sont le plus souvent figurés avec un corps de forme humaine terminé en queue de poisson.

DIEUX DU SOL

La fécondité du sol s'incarne en *Déméter* (Cérès), la terre-mère, qui porte les moissons et les villes. Auprès d'elle revient chaque printemps, quand elle a passé l'hiver près de son époux Pluton, sa fille *Perséphone* (Proserpine), déesse de la sève qui monte. La vigne a son dieu, *Dionysos* (Bacchus) venu d'Asie et représenté tantôt sous les traits d'un homme barbu, tantôt sous les traits d'un adolescent efféminé. Autour de lui se groupent *Silène*, le dieu de l'ivresse, les *Ménades* aux danses furieuses, et les *Satyres*, personnages grossiers et poltrons, à pieds et à queue de chèvre, qui symbolisent les forces brutales de la nature. La végétation est l'œuvre de *Pan*, le dieu des pasteurs. De belles femmes appelées *Nymphes* expriment le charme de la nature. Ce sont les *Oréades*, pour les taillis; les *Dryades*, pour les bois de chênes; les *Naiades*, pour les cours d'eau.

DIEUX DES FORCES SOUTERRAINES

Dans les entrailles de la terre règne le pâle *Hadès* (Pluton), roi de l'empire des morts que garde un chien à trois têtes, *Cerbère*. Auprès de lui les trois *Parques* : Clotho, Lachésis et Atropos, filent et tranchent les destinées humaines. Le feu des volcans, c'est *Héphaistos* (Vulcain), le dieu forgeron qui, aidé de ses ouvriers, Cabires et Cyclopes, fait vomir des flammes à l'Etna.

DIEUX DE L'ACTIVITÉ HUMAINE

Les énergies de l'homme sont aussi personnifiées. *Arès* (Mars) est le dieu de la guerre. *Aphrodite* (Vénus) est la déesse de la beauté et de l'amour. Elle a pour fils *Éros* (Cupidon), c'est-à-dire le désir, et comme suivantes les trois Charites ou *Grâces*. *Athéné* (Minerve), sortie toute armée du cerveau de Jupiter, est la déesse de la raison et de la science appliquées à la paix comme à la guerre. *Asclépios* (Esculape), fils d'Apollon, est le dieu de la médecine. Apollon lui-même, dieu de la lumière, est également le dieu de la gymnastique et de la musique. Il mène sur le sommet des montagnes le chœur des neuf *Muses*, déesses qui incarnent les créations du génie grec : Clio (l'histoire), Melpomène (la tragédie), Thalie (la comédie), Euterpe (la musique), Terpsichore (la danse), Érato (l'élégie), Calliope (l'épopée), Uranie (l'astronomie), Polymnie (l'éloquence).

Les forces morales ont de même leurs représentants divins. Zeus est la majesté; Artémis et Athéné sont la chasteté; Thémis est la justice; Némésis, le châtiment; Hestia, les vertus domestiques.

Douze de ces dieux ont été considérés comme principaux et forment l'assemblée de l'Olympe. Tous finirent par représenter à la fois une force naturelle et une idée morale que les artistes rendirent sensibles dans leurs statues par certains attributs. Ce sont :

NOM GREC	NOM LATIN	FORCE ET IDÉE REPRÉSENTÉES		ATTRIBUTS
Zeus	Jupiter .	air	toute-puissance. . .	aigle, sceptre, foudre
Héra	Junon. .	ciel.	mariage	paon.
Athéné. . .	Minerve	éclair	intelligence	chouette, égide.
Artémis . .	Diane. .	lune	chasteté	cerf, croissant.
Aphrodite .	Vénus .	amour.	beauté	colombe.
Déméter . .	Cérès. .	terre.	fécondité.	gerbe, faucille.
Apollon . .	Phœbus	soleil.	arts et lettres	arc, lyre.
Hermès . .	Mercure	pluie.	éloquence	ailes, caducée.
Arès	Mars . .	orage	guerre	casque, lance.
Héphaistos	Vulcain.	feu souterrain	industrie.	marteau, enclume.
Poseidon .	Neptune	mer	colère.	trident, cheval.
Hestia . . .	Vesta. .	foyer.	vertus domestiques	feu sacré.

RELIGION DES ANCÊTRES

Les premiers Grecs croyaient que les morts vivaient dans leurs tombeaux et que c'était un devoir de leur offrir des aliments à des époques déterminées. Chaque famille avait un autel domestique où le chef de famille célébrait ce genre de sacrifices. En retour, les ancêtres ainsi honorés veillaient sur leurs descendants, car chaque mort devenait un dieu.

LES HÉROS

Bientôt les ancêtres des familles royales devinrent les dieux protecteurs des peuples et des villes. Ce furent les *Héros*. Chaque ville eut son héros national auquel elle élevait un sanctuaire et rendait un culte. Ces héros furent aussi appelés *demi-dieux* parce qu'on les prétendait nés du mariage d'une divinité avec un prince ou une princesse. En général ils furent des rois ou des guerriers dont la valeur ou les bienfaits avaient frappé l'imagination des hommes. Souvent même on les confondit avec quelque personnage divin, incarnation d'une force naturelle.

LE CULTE

Aux dieux comme aux héros on rendait un culte tout extérieur. Les cérémonies consistaient en chants et en sacrifices dont il fallait observer scrupuleusement les rites, sous peine d'exciter la colère du dieu. Les sacrifices avaient lieu sur un autel situé devant le temple, car le temple grec n'était qu'une sorte de chapelle très étroite, contenant la statue du dieu. Autour du temple étaient disposés des logements pour les prêtres et le dépôt des offrandes. Les prêtres étaient seulement des sacrificateurs officiels et les intendants du temple.

Ils savaient les rites et les formules, mais ils ne donnaient pas, comme dans nos religions modernes, d'enseignement moral.

UN SACRIFICE. — D'après un vase peint.

Devant la statue d'Athéné, casquée, lance et bouclier en mains, l'autel. La prêtresse, vêtue d'une robe serrée à la taille et d'une tunique à larges manches, procède aux aspersions d'eau lustrale; derrière la vache, qu'un domestique tient par une corde passée à la jambe, les deux personnages qui offrent la victime. Ils sont vêtus de maillots collants à manches courtes. Tous ont des couronnes sur la tête.

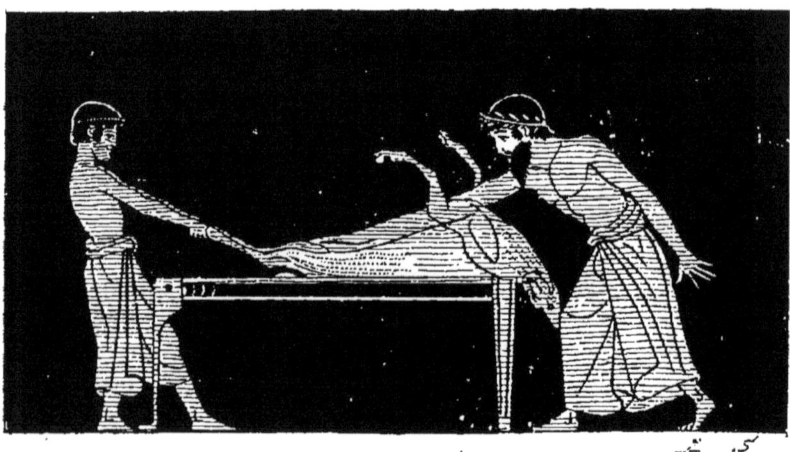

SCÈNE DE DIVINATION. — D'après un vase peint.

Le sacrificateur, le front ceint de laurier, nu jusqu'à la ceinture, examine les entrailles de la victime éventrée et étendue sur une table; un aide à gauche tire les jambes de derrière.

LES PRÉSAGES LES ORACLES

Cette religion était compliquée de nombreuses superstitions. On attachait beaucoup d'importance à connaître la volonté du dieu, que l'on croyait découvrir par les présages. On tirait les présages du vol des oiseaux et des entrailles des victimes.

On cherchait aussi à connaître l'avenir. Pour cela on s'adressait aux *oracles* des dieux dont les plus célèbres étaient ceux d'Apollon, à Delphes, et de Zeus, à Dodone. A Delphes, Apollon communiquait avec les hommes par l'intermédiaire d'une prêtresse inspirée, appelée la *Pythie*. Les jours où on la consultait, la Pythie, assise sur un trépied, au-dessus d'un gouffre, dont les émanations provoquaient chez elle une sorte de crise nerveuse, poussait des cris inarticulés que les prêtres traduisaient aux fidèles. Ces oracles étaient toujours rédigés en phrases à double entente et il était difficile d'interpréter exactement la parole du dieu.

LA PYTHIE SUR SON TRÉPIED.
D'après un vase peint.
Le trépied était une sorte de haut tabouret ; la rosace au-dessous du bras de la Pythie était comme un bras de fauteuil. Le trépied était un siège du mobilier courant dans les maisons grecques.

LES IDÉES MORALES

Comme la religion consistait uniquement en pratiques extérieures et n'imposait pas de doctrines, les idées morales, au lieu d'être enseignées par les prêtres, le furent par les poètes et les philosophes. Grâce à eux se répandit cette idée que l'homme, quoique soumis au Destin, *Moira*, supérieur aux Dieux mêmes, est responsable de ses actes. Quand les morts arrivaient au royaume de Pluton, ils comparaissaient devant les trois juges *Minos*, *Eaque* et *Rhadamante*. Les bons jouissaient d'un bonheur parfait dans les *Champs Élysées* ; les méchants au contraire étaient punis de supplices éternels dans le *Tartare*, fleuve infernal.

LES LÉGENDES GRECQUES

Les Grecs aimaient à entendre et à conter le récit d'exploits merveilleux. Pour cette raison les bouleversements du ciel et de la mer, les mouvements des astres, les migrations des peuples, les conquêtes et les voyages, tout leur parut être des aventures extraordinaires arrivées à des personnages supérieurs à la nature humaine. De ces personnages ils firent les héros de contes fabuleux qu'on appelle *légendes*. Tous ces héros, dieux ou demi-dieux, ont trois traits communs : 1° ils ont une naissance mystérieuse ; 2° leur force invincible terrasse les monstres qui peuplent la terre ; 3° ils subissent des épreuves et sont le jouet d'une fatalité aveugle qui les poursuit. Au fond, ces légendes symbolisent la lutte de l'humanité contre les éléments et le destin ; c'est pourquoi elles furent une mine inépuisable pour les poètes et les artistes qui en tirèrent des chants, des drames, des tableaux et des statues.

Voici les principales de ces légendes.

ZEUS

Zeus est le principe de l'ordre dans le monde ; il a créé tout ce qui est bien. A ces deux idées correspondent deux séries de légendes. La première montre par quelles luttes s'établit la royauté de Zeus. Avant son règne, le maître du monde était *Kronos*, le Temps, dieu cruel qui dévorait tous ses enfants. Zeus échappa au sort de ses frères, parce que sa mère *Rhéa* donna à son père une pierre enmaillotée à dévorer, et fit élever secrètement l'enfant ainsi sauvé dans les montagnes de la Crète. L'enfant était nourri par la chèvre *Amalthée* et quand il criait, les Curètes, prêtres de Rhéa, frappaient leurs boucliers pour couvrir sa voix. Zeus devenu grand chassa son père du ciel. Sa victoire lui fut contestée par les *Titans*, géants monstrueux qui voulaient entasser le mont Pélion sur l'Ossa pour escalader l'Olympe. Mais Zeus armé de la foudre écrasa ses ennemis et le monde entier reconnut sa toute-puissance.

Les autres légendes nous représentent Zeus comme le père de tous les dieux et demi-dieux bienfaiteurs. Cela revient à dire qu'il est l'auteur du bien dans le monde. Pour expliquer ces généalogies, l'imagination populaire prêta à Zeus toutes sortes de mariages avec des déesses, des nymphes, même des mortelles. Dans ce dernier cas le dieu prenait des déguisements extraordinaires. Ainsi il se transforma en taureau, pour Europe, mère de Minos ; en cygne, pour Léda, mère de Castor et de Pollux ; en pluie d'or, pour Danaé, mère de Persée. Ces unions ont une signification. Par exemple, en disant qu'Apollon est le fils de Zeus et de Léto, les Grecs entendaient que le soleil naît de l'union du ciel et de la nuit.

APOLLON

Apollon naquit dans l'île de Délos et passa son enfance à errer sur les montagnes. Tout jeune, il fut vainqueur du serpent Python, qui désolait les environs de Delphes. Plus tard il fut condamné par Zeus à garder les troupeaux d'Admète, roi de Thrace. Là il apprit aux hommes

Apollon. — D'après un bas-relief trouvé à Troie.
Apollon est ici le Dieu soleil; sa tête est entourée de rayons. Il sort des portes de l'Orient que l'Aurore aux doigts de roses lui ouvre chaque matin et s'élance dans le ciel, emporté par ses quatre chevaux, pour éclairer le monde.

les douceurs de la poésie. Zeus jaloux le rappela au ciel où chaque jour il recommence sa course brillante sur un char étincelant que traînent quatre chevaux blancs.

Cette légende dépeint les phases du soleil qui illumine au matin les sommets, qui dissipe ensuite les vapeurs des vallées, et qui l'hiver semble se cacher dans les pays du Nord.

HERCULE

Hercule, en grec *Hèraclès*, est le prince des héros. le seul qui, étant fils de Zeus et d'une mortelle, ait mérité de devenir un dieu. Il symbolise la Force et le Devoir. Tout jeune il étouffa de ses mains deux serpents que la déesse Héra avait envoyés pour le dévorer dans son berceau. Ayant grandi parmi les pâtres, il eut à choisir entre deux routes que lui montraient Aphrodite et Athéné, c'est-à-dire la Volupté et la Vertu. Il choisit la route de la vertu. Il accomplit un grand nombre d'exploits et subit bien des épreuves dont il sortit victorieux. Douze de ses victoires étaient particulièrement célèbres et constituaient les légendaires Douze Travaux.

1° Il tua de sa massue le lion de Némée et se revêtit de sa peau. 2° Il tua l'hydre de Lerne, dont les neuf têtes repoussaient si on ne les coupait toutes à la fois. 3° Il captura le sanglier d'Érymanthe. 4° Il abattit à coups de flèches les oiseaux du lac Stymphale dont les plumes de fer semaient la dévastation et la mort. 5° Il atteignit, après un an de poursuite, la biche aux pieds d'airain. 6° Il nettoya les écuries d'Augias, roi d'Élide, en y faisant passer les eaux de l'Alphée. 7° Il dompta le taureau furieux de la Crète. 8° Il s'empara de Diomède, roi de Thrace, qui nourrissait ses chevaux de chair humaine et le donna à manger à ses bêtes. 9° Il vainquit en Orient les Amazones. 10° Il tua Géryon, géant à trois têtes dont il emmena les bœufs rouges. En passant il ouvrit d'un coup de massue le détroit qui joint la Méditerranée à l'Océan et qui s'appela désormais les colonnes d'Hercule. 11° Il enleva les pommes d'or du jardin des Hespérides en Afrique, où il aida le géant Atlas à porter le monde; il étouffa le terrible Antée, fils de la Terre, qui reprenait des forces chaque fois qu'il touchait sa mère. 12° Enfin il descendit aux Enfers d'où il ramena enchaîné Cerbère, le chien à trois têtes qui en gardait la porte.

HERCULE.
D'après un vase peint.

Il est vêtu, comme d'une tunique, de la peau du lion de Némée: la tête du lion lui sert de coiffure. Il porte à la main gauche sa massue; au dos, son arc et un carquois.

L'amour perdit ce bon chevalier errant qui avait parcouru le monde en défenseur du droit et de la justice. Pour épouser la jeune Iole, il abandonna sa femme Déjanire. Celle-ci, croyant le ramener à elle, lui fit revêtir une tunique trempée dans le sang empoisonné du centaure Nessus, l'une de ses victimes. Le héros se sentit bientôt dévoré d'un feu terrible. Pour en finir, il éleva un bûcher sur l'Œta et se brûla de ses propres mains.

La Grèce entière reconnut Hercule pour héros national. On institua des jeux en son honneur et son nom est resté jusqu'à nous le symbole de la force corporelle.

PERSÉE

Persée est le héros de l'Argolide. Il eut pour père Zeus et pour mère Danaé, fille du roi d'Argos. Ce dernier, furieux de cette naissance, enferma sa fille et son petit-fils dans un coffre qui fut jeté à la mer et recueilli par le roi de Sériphos. Devenu grand, Persée reçut de son sauveur l'ordre de tuer la gorgone *Méduse*, monstre dont la chevelure était faite de serpents et dont la vue seule changeait les hommes en rochers. Les dieux vinrent en aide à Persée et lui donnèrent des armes et un bonnet qui le rendait invisible. Il surprit la Gorgone dans son sommeil et lui trancha la tête. Du sang de la Gorgone était né un cheval ailé, *Pégase*, dont Persée s'empara. Sur cette monture, il parcourut le monde et pétrifia tous ses ennemis en leur montrant la tête de Méduse qu'il avait emportée dans un sac. Il délivra de la sorte la princesse *Andromède*, qui allait être dévorée par un monstre marin, et l'épousa. Il borna là ses exploits, rendit ses armes aux dieux et attacha la tête de la Gorgone sur l'égide ou manteau d'Athéné.

BELLÉROPHON

Bellérophon est le héros de Corinthe. Ayant reçu d'Athéné Pégase il tua la *Chimère*, monstre à tête de lion, à queue de serpent, à corps de chèvre, et dont la gueule vomissait des flammes. Mais dans l'ivresse du triomphe, il voulut escalader le ciel sur le dos de Pégase. Il tomba et se tua, tandis que Pégase, continuant sa course, allait se perdre au firmament pour y devenir une constellation.

ŒDIPE

Œdipe est le héros de Thèbes. Le roi Laïus, son père, ayant appris d'un oracle qu'il serait tué par son fils, fit exposer l'enfant sur une montagne en le suspendant par le pied. Un berger le recueillit et l'appela Œdipe, c'est-à-dire Pied gonflé. Plus tard Œdipe quitta ses faux parents par peur de l'oracle. En chemin il eut une querelle avec un homme qu'il tua : c'était Laïus. Devant Thèbes il rencontra le *Sphinx*, monstre à corps de lion et tête de femme, qui dévorait les gens incapables de répondre à ses questions. Œdipe résolut le problème posé par le Sphinx qui de dépit se jeta dans un précipice. Les Thébains reconnaissants firent d'Œdipe leur roi et le mari de la reine *Jocaste*, veuve de Laïus. Œdipe à son insu avait épousé sa mère. La malédiction divine le poursuivit, si bien qu'ayant découvert la fatale vérité, il se creva les yeux. Sa race fut maudite. Ses fils, les *Frères ennemis*, s'égorgèrent l'un l'autre dans la guerre des sept chefs contre Thèbes. Sa fille *Antigone* qui se fit la conductrice de l'aveugle errant par la Grèce devint le type de la piété filiale.

Œdipe et le Sphinx. — D'après un vase peint.

Le sphinx tuait ceux qui ne pouvaient deviner ses énigmes *: le monstre est accroupi sur une colonne à chapiteau ionien. Œdipe est chaussé de sandales liées par des courroies qui enserrent les bas et montent jusqu'à mi-jambe, chaussure encore en usage dans les Balkans* (voir p. 245). *Il est armé d'un bâton, vêtu d'un manteau court, la* chlamyde *et coiffé du chapeau de voyage, ou* petase.

THÉSÉE

Le héros de l'Attique est Thésée, fils du roi Égée, et compagnon d'Hercule. Il délivra la Grèce des brigands qui l'infestaient, et Athènes du joug de la Crète en tuant le *Minotaure*, monstre à corps d'homme et à tête de taureau, qui dévorait dans le Labyrinthe, son palais aux mille couloirs, les jeunes gens qu'il exigeait en tribut. Mais Thésée est un héros fatal. En oubliant au retour d'arborer sur son bateau le signal convenu pour annoncer sa victoire, il cause le suicide d'Égée son père qui le croit mort. Plus tard il cède à la jalousie de *Phèdre*, sa deuxième femme, et maudit son fils *Hippolyte* qui périt victime d'un monstre lancé contre lui par Poséidon. Chassé par les Athéniens, Thésée mourut exilé. On lui éleva un temple qui subsiste (voir p. 229).

PÉLOPS LES ATRIDES

Le Péloponèse vénère Pélops, fils du roi de Phrygie, Tantale, qui l'avait égorgé pour le servir en ragoût à Zeus. Tantale fut puni par Zeus du supplice de la faim et de la soif éternelles. Ressuscité Pélops vint en Grèce où il épousa la fille du roi d'Élide. Il eut pour fils *Atrée* qui fit aussi manger à son frère *Thyeste* ses propres enfants. Ses petits-fils furent *Agamemnon* et *Ménélas*, héros de la guerre de Troie. Au retour Agamemnon fut égorgé par sa femme *Clytemnestre*; celle-ci périt sous les coups de son fils *Oreste*, vengeur de son père. C'est la famille maudite des Atrides dont les poètes immortalisèrent les crimes et les malheurs.

JASON

Jason est le héros de la Thessalie. Héros navigateur il s'empara de la *Toison d'or*, dépouille précieuse d'un bélier divin que gardait un dragon sur les terres du roi de Colchide, au pied du Caucase. Pour aller la conquérir Jason construisit le navire *Argo*, que montèrent cinquante héros, appelés les Argonautes. La toison fut enlevée grâce aux enchantements de la magicienne *Médée*, fille du roi de Colchide. Médée suivit Jason dans son voyage merveilleux. Mais abandonnée par lui pour une autre femme, elle égorgea ses enfants et sa rivale et s'enfuit en Attique où elle devint l'épouse d'Égée, roi d'Athènes, père de Thésée.

[LE]S CENTAURES

La Thessalie, pays de plaines, nourrissait beaucoup de chevaux. Les Grecs en firent la patrie des Centaures, monstres à bustes d'hommes et à corps de chevaux, réputés pour leur caractère belliqueux. Les plus célèbres furent *Nessus*, dont le sang causa la mort d'Hercule, et *Chiron*, qui fut le sage précepteur d'Achille.

ORPHÉE

La poésie eut aussi son héros, Orphée, le doux chanteur de Thrace. Aux sons de sa lyre, les hommes se civilisaient; les fauves perdaient leur férocité; le roi des Enfers s'attendrissait jusqu'à lui rendre son épouse Eurydice. L'ayant perdue une seconde fois, il ne pouvait se consoler. Les filles sauvages de la Thrace le décapitèrent, et sa tête roulée par l'Hèbre continua de faire entendre ses mélodieux accords.

– Ces légendes, avec bien d'autres, sont le fonds commun des littératures grecque et latine et elles se sont transmises à notre art classique comme un héritage d'inspiration.

CHAPITRE III

SPARTE. — LYCURGUE

Entre toutes les cités grecques, deux, Athènes et Sparte ont joué un rôle prépondérant. Aussi les Latins les appelèrent-ils les *deux yeux de la Grèce*. Elles nous intéressent parce que leur rivalité fait le fond de l'histoire grecque. Elles nous intéressent aussi parce que, dans notre France moderne, l'idéal de notre éducation est de faire des hommes ce qu'ils furent à la fois à Athènes et à Sparte. A Athènes, l'homme fut surtout un citoyen épris de liberté politique, d'activité commerciale, d'art et de littérature. A Sparte, il fut uniquement un soldat, exercé chaque jour aux vertus militaires et prêt chaque jour à donner sa vie pour la patrie.

SPARTE

Sparte ou Lacédémone, capitale de la Laconie, fut une sorte de ville-caserne. C'était plutôt qu'une ville, un groupe de cinq bourgades bâties sur les bords marécageux de l'*Eurotas*, torrent qui descend rapide du plateau d'Arcadie et coule plus paisible à travers la Laconie. Sparte ne fut jamais close de murailles et elle n'en eut pas besoin. La Laconie dont elle occupait le centre est en effet entourée de montagnes; assez élevées pour que la neige y subsiste presque toute l'année, et percées de rares passages, d'étroits couloirs faciles à défendre. La vallée de l'Eurotas est fertile et peut nourrir la population. Sparte fut donc un camp retranché naturel où vécut un peuple de soldats.

LES SPARTIATES

Les Spartiates firent partie d'une invasion de Doriens, Grecs du Nord, qui chassés de leur pays par les Thessaliens se jetèrent sur les presqu'îles du Péloponèse et y conquirent les villes des Achéens. Les Doriens de Sparte prirent le nom de Spartiates. Moins nombreux que les vaincus, ils ne purent garder leur conquête qu'en restant toujours en armes au milieu des populations soumises. Ils ne

LE TAYGÈTE, VU DE LA VALLÉE DE SPARTE.

La Laconie est entourée de hautes chaînes de montagnes, abruptes, neigeuses pendant une grande partie de l'année, coupées de rares et profonds passages, et qui font une fortification naturelle à la plaine. La chaîne du Taygète, à l'ouest, est l'une des plus sauvages.

purent donc ni labourer la terre ni faire du commerce. Ils furent un corps d'occupation qui vécut des produits du sol travaillé par les vaincus; leur seul métier fut la guerre. Tout chez eux fut une préparation. Ils furent les guerriers les mieux entraînés et les plus héroïques de la Grèce ; mais ils dédaignèrent le bien-être et la culture intellectuelle, qui, d'après eux, corrompaient les vertus guerrières. Leur idéal fut de former une communauté militaire où chacun était fier de sacrifier, par discipline, sa liberté et sa vie à l'intérêt supérieur de l'État.

LES LACONIENS PÉRIÈQUES ET HILOTES

Le territoire de la Laconie divisé en lots, qu'on ne pouvait ni céder ni vendre, fut partagé entre les vainqueurs. Les habitants de la plaine continuèrent de vivre sur leur ancien sol dans une condition voisine de l'esclavage. Ceux des montagnes et du littoral, soumis les derniers, furent traités moins durement. Il y eut ainsi trois classes dans la population de la Laconie : les Spartiates (environ 9000), les *Périèques* (30 000), les *Hilotes* (environ 200 000). Les Spartiates seuls furent des citoyens ; les Périèques et les Hilotes n'étaient que des sujets.

Les *Périèques*, c'est-à-dire les *gens d'autour*, habitaient la frontière montagneuse et maritime de la Laconie et semblent avoir été les descendants des anciens maîtres du pays. Ils étaient répartis en une centaine de villages qui s'administraient eux-mêmes. Ils pouvaient posséder librement leurs terres et jouir des fruits de leur travail. Ils s'adonnaient à la culture, au commerce, à l'industrie, à la navigation, toutes occupations interdites aux Spartiates. Ils devaient l'impôt et le service militaire, mais n'avaient aucun droit politique. Leur sort rappelait donc un peu celui de nos sujets indigènes dans nos colonies.

Les *Hilotes* étaient les anciens Laconiens de la vallée. Les Spartiates en firent des *serfs*, c'est-à-dire des hommes moitié libres, moitié esclaves. Ils ne vivaient pas groupés dans des villages : ils habitaient dans des cabanes isolées, bâties sur les terres qu'ils cultivaient. Ces terres ne leur appartenaient pas : au contraire, ils appartenaient à la terre et faisaient partie du domaine. Chaque année ils devaient donner une partie de leurs récoltes à leurs propriétaires : le reste était pour eux. Leur seul droit était de ne pouvoir être vendus.

Les Spartiates accablaient ces misérables de mauvais traitements. A la guerre ils les employaient comme valets d'armée. En temps de paix ils les obligeaient à porter des vêtements spéciaux et leur interdisaient de chanter aucune chanson guerrière. Souvent on les forçait à boire jusqu'à l'ivresse pour que le spectacle de leur dégradation pût dégoûter les enfants de l'ivrognerie. Malgré tout, leur nombre constituait un danger pour leurs maîtres qui les tuaient au premier prétexte. On punissait de mort l'Hilote qui possédait une arme, et celui que l'on trouvait dehors après le coucher du soleil. Leur sort était tout à fait celui des paysans chrétiens aujourd'hui dans la Turquie d'Europe. Chaque année, à l'avènement des nouveaux magistrats, les jeunes gens avaient le droit de faire la chasse à l'Hilote. Cela s'appelait la *Cryptie*, c'est-à-dire le massacre secret. Ce régime de terreur entretenait chez les Hilotes la haine et l'esprit de révolte. « Aussitôt qu'on leur parle des Spartiates, dit l'historien grec Xénophon, il n'y en a pas un qui puisse cacher le plaisir qu'ils auraient à les manger tout vifs. »

FORMATION DE LA PUISSANCE DE SPARTE

Cet état militaire ne pouvait pas plus supporter des voisins puissants que des sujets rebelles. Or les deux presqu'îles voisines de la Laconie, l'Argolide et la Messénie, étaient habitées par d'autres conquérants Doriens, qui étaient une menace pour Sparte. De là une série de guerres contre Argos et Messène, à la fin desquelles les Spartiates possédèrent tout le sud et l'est du Péloponèse.

Les guerres les plus rudes furent celles de *Messénie* au VIIe siècle. Elles durèrent près de quatre-vingts ans. Certains épisodes étaient célèbres dans l'antiquité : ainsi celui d'*Aristomène*, le héros messénien qui, pris par les Spartiates et jeté dans un précipice, s'en tira en saisissant la queue d'un renard qui le conduisit à travers les ténèbres au trou de son terrier.

L'ARMÉE SPARTIATE

L'instrument de ces conquêtes fut l'armée spartiate, la première de la Grèce pour l'organisation et la discipline. Chez les autres peuples, en effet, on n'était soldat qu'en cas de nécessité : en temps de guerre le citoyen s'armait et l'armée n'était qu'une *garde nationale*. Les Spartiates étaient, eux, des *soldats de métier*. Entraînés dès leur jeune âge à la chasse et aux exercices violents, ils demeuraient dans les rangs de l'armée jusqu'à soixante ans. Deux fois par jour ils avaient exercice ou manœuvre, et la paix n'était pour eux que la préparation à la guerre.

Les Spartiates combattaient à pied et formaient le corps des *Hoplites*. Ils portaient une casaque rouge, une cuirasse de bronze, un casque protégeant la tête et le visage, un bouclier de cuir couvert d'airain et des jambières de métal ou *cnémides*, descendant du genou au cou-de-pied. Ils avaient pour armes une épée courte comme un couteau de chasse et la lance longue de plus de deux mètres. Pour le combat ils se rangeaient sur huit rangs de profondeur; les boucliers serrés les uns contre les autres formaient en avant une vraie muraille. Ainsi disposés en *phalange*, ils marchaient à l'ennemi couronnés de fleurs au son des flûtes et d'un chant de guerre appelé *paean*. Mais ils ne commençaient l'attaque qu'après qu'on avait sacrifié une chèvre et cherché les présages dans les entrailles de la victime. Ils passaient pour invincibles, tant leur réputation de force et de bravoure était grande.

HOPLITE SPARTIATE.
Statuette de bronze.

L'Hoplite était le soldat de ligne. Par-dessus une courte tunique rouge il portait une cuirasse. Le casque avec un haut cimier était muni de deux oreilles de métal qui couvraient les joues et la mâchoire, et d'un nasal, tige de métal protégeant le nez. Les cuisses ici sont nues; mais dans de nombreux dessins de vases les Grecs ont de courtes culottes collantes. Des cnémides en forme de tiges de bottes couvrent les jambes.

La phalange se divisait en bataillons et en escouades. Cette division était utile pour les petites expéditions et les exercices militaires, dont la précision de mouvements émerveillait les autres Grecs. De fait, les Spartiates n'avaient pas leurs pareils pour l'école du soldat et l'école de compagnie. Quant à leur art de l'attaque, il se résumait dans la charge. La force de cette phalange tenait surtout aux habitudes d'obéissance, d'honneur et de sacrifice qu'inspirèrent aux Spartiates leurs lois qu'ils appelaient les lois de Lycurgue.

LYCURGUE

Lycurgue vécut, dit-on, au IXe siècle. C'était un honnête homme puisque, étant de famille royale, il avait refusé d'accepter le titre de roi aux dépens d'un neveu dont il était le tuteur. C'était un *sage*, c'est-à-dire un homme instruit, car il avait voyagé en Crète, en Égypte et en

Asie. Les Spartiates, que des guerres civiles déchiraient, lui demandèrent des lois. Lycurgue consulta d'abord l'oracle de Delphes qui l'encouragea en l'appelant *ami des dieux*. Il rédigea

HOPLITES EN MARCHE. — D'après un vase peint.

En marchant en ligne à l'ennemi, les Hoplites se couvraient de leurs boucliers rapprochés qui formaient devant eux une vraie muraille. Dans cette peinture les cnémides sont alternativement rouges et noires; les boucliers sont noirs avec bordure rouge; les crinières des cimiers sont noires et rouges.

alors la constitution qui porte son nom et, après avoir fait jurer aux Spartiates de la respecter jusqu'à son retour, il partit pour ne plus revenir. Tout cela est sans doute de la légende, mais les lois dites de Lycurgue n'en furent pas moins la Constitution de Sparte.

LOIS DE LYCURGUE

Les lois de Lycurgue étaient un ensemble de prescriptions minutieuses qui réglaient non seulement le gouvernement et l'administration de l'État, mais encore la vie des particuliers et l'éducation des enfants. Elles eurent pour but : 1° d'établir à Sparte l'autorité de l'aristocratie; 2° d'assurer aux Spartiates la possession de leurs conquêtes en leur imposant une vie exclusivement militaire.

LE GOUVERNEMENT

Avant Lycurgue, Sparte était gouvernée par *deux rois* tout-puissants. Lycurgue en fit des personnages de représentation, sans autorité réelle. Les deux rois furent les chefs de la religion et de l'armée. Ils célébraient les sacrifices et commandaient en bataille; mais, en réalité, comme les modernes rois de Belgique ou d'Angleterre, ils régnaient et ne gouvernaient pas. Le gouvernement était aux mains du *Sénat*, conseil de 28 membres, tous nobles et âgés de soixante ans. Le Sénat proposait et rédigeait les lois; puis il les soumettait à l'*Assemblée du peuple* qui se réunissait une fois par mois. Il n'y avait pas de discussion et le peuple manifestait son avis par acclamations. Plus tard, le peuple nomma chaque année cinq *Éphores* ou surveillants, qui eurent pour fonction de contrôler les actes des rois et des autres magistrats, qu'ils pouvaient suspendre et condamner. Ils accompagnaient aussi les armées en campagne. Ainsi à Sparte le pouvoir n'appartenait ni au peuple ni aux rois, mais à l'aristocratie.

LOIS CIVILES

En théorie, les citoyens étaient égaux entre eux comme les soldats d'un régiment. Lycurgue voulut qu'il n'y eût à Sparte ni riches ni pauvres. Il distribua les terres entre tous les citoyens par lots qu'il était défendu de vendre. Les produits du sol cultivé par les Hilotes devaient suffire à leurs besoins, et tout métier leur était interdit. De cette façon, les Spartiates, débarrassés du souci de gagner leur vie, pouvaient se consacrer entièrement à leurs devoirs militaires. Pour éviter de s'enrichir, ils ne pouvaient se servir que de monnaie de bronze extrêmement lourde et de petite valeur. Malgré tout, il y eut de l'inégalité dans les fortunes et il se forma à Sparte une aristocratie riche dont les membres s'appelèrent seuls les *Égaux*.

L'ÉDUCATION DES ENFANTS

L'enfant, destiné à être un soldat, appartenait à l'État bien plus qu'à sa famille. Dès sa naissance, il était examiné par les anciens de la tribu qui le remettaient à sa mère s'il était bien constitué. Dans le cas contraire, ils le faisaient jeter dans un gouffre du Taygète. Toutes les mères élevaient les enfants de la même façon. Elles ne les emmaillotaient pas; elles les habituaient à manger de tout et à n'avoir peur de rien. A sept ans, l'enfant était remis à l'État. Il devenait comme un enfant de troupe et faisait dès lors partie d'une classe que commandait celui qui s'était montré supérieur aux autres élèves par son intelligence et sa force.

L'étude tenait peu de place dans cette éducation. On se bornait à apprendre aux enfants à chanter et à s'exprimer avec précision. On cherchait surtout à assouplir et fortifier le corps.

Par une série d'exercices gradués les enfants apprenaient à courir, sauter, lancer le disque ou le javelot. Puis ils étaient exercés au maniement des armes et à la danse guerrière la *pyrrhique*. On les dressait aussi à supporter sans se plaindre le froid et le chaud, la faim et la soif, la fatigue et la douleur.

Ils portaient le même costume en toute saison. Ils couchaient sur des roseaux qu'ils coupaient eux-mêmes dans l'Eurotas. Ils ne se lavaient et ne se parfumaient que les jours de grandes fêtes. On les nourrissait mal et ils devaient voler pour apaiser leur faim; mais celui qui était surpris volant était puni sévèrement. L'un d'eux, qui avait caché un renard vivant sous sa tunique, se laissa ronger le ventre plutôt que d'avouer son larcin. Il y avait aussi des concours d'endurance aux coups. Chaque année, on les fouettait devant l'autel d'Artémis et le vainqueur était celui qui s'était plaint le dernier. Il arriva que des enfants moururent avant de se plaindre.

Ces enfants avaient un maintien grave, des gestes sobres. Ils marchaient les yeux baissés et ne prenaient la parole que si on les interrogeait. Cette éducation de fer les préparait à la discipline militaire.

VIE DES HOMMES

A dix-sept ans, le jeune homme fait partie de l'armée. A trente ans, il est citoyen et doit se marier. Il ne cesse pas pour cela d'appartenir à l'État. L'emploi de son temps est fixé par les règlements. Il porte un uniforme et doit assister aux exercices de chaque jour : course, saut, maniement d'armes. A cet égard, l'institution la plus curieuse est celle des *repas publics* qui sont obligatoires pour tous les Spartiates, même pour les rois, mais qui n'avaient cependant pas lieu tous les jours. Dans ces repas, les hommes étaient groupés par escouades de 15; ces hommes à la guerre étaient compagnons de tente. Ces escouades étaient des cercles fermés où l'on n'était admis qu'après un vote, comme aujourd'hui dans les corps d'officiers en Allemagne. Aux repas publics, on mangeait le *brouet noir*, ragoût célèbre dans toute la Grèce et qui se composait de petits morceaux de viande, de graisse de porc, de vinaigre et de sel. Mais le menu pouvait s'augmenter des produits de la chasse, ou d'une portion de la viande des victimes quand il y avait eu un sacrifice.

Cette vie austère donnait aux Spartiates un caractère plein de grandeur et de dignité. Ils apparaissent comme raidis dans une attitude héroïque de vieux grognards qui affectent de mépriser tout ce que les autres hommes chérissent ou redoutent. Ils ne s'inclinaient que devant les vieillards qu'ils respectaient comme des pères. Leur langage était volontairement rude et simple; leur façon de répondre à la fois courte et mordante est restée célèbre sous le nom de *Laconisme*. Un Argien disait un jour : « Il y a chez nous beaucoup de tombeaux de Spartiates. » Un Spartiate répondit : « Chez nous, il n'y en a pas un seul d'Argiens. » Philippe de Macédoine écrivait aux Spartiates : « Si j'entre en Laconie je détruirai votre ville.» — « Si!» répondirent les Spartiates.

VIE DES FEMMES

Les jeunes filles n'étaient pas élevées moins durement que les jeunes gens. Elles étaient soumises aux mêmes exercices que les garçons et assistaient à leurs concours. Leur robe descendant à peine au genou, leur laissait la liberté de leurs mouvements. Leur vie de sports était l'objet des railleries des autres Grecs qui gardaient les jeunes filles soigneusement enfermées. Une fois mariées, elles devenaient épouses et mères de soldats. Elles étaient réputées pour leur énergie et leur abnégation. Chez elles, l'amour maternel passait après l'amour de la patrie. Telle de ces femmes apprenant à la fois la mort de ses cinq fils et la victoire de Sparte, s'écriait : « Tant mieux, rendons grâces aux dieux ». Telle autre tuait de sa main son fils qui avait fui du champ de bataille.

ARTEMIS CHASSERESSE.
Musée du Louvre.
Elle est vêtue de la courte tunique des jeunes filles de Sparte.

Tant que Sparte dura, elle resta fidèle à cette éducation et à ces mœurs. Bien des modifications furent apportées dans les lois politiques ou civiles de Lycurgue. Mais la règle de vie qu'il avait imposée aux Spartiates fut maintenue et fit d'eux les premiers soldats de la Grèce et les vrais maîtres d'héroïsme de l'humanité.

CHAPITRE IV

ATHÈNES — SOLON

L'histoire des Athéniens est celle du peuple le plus différent des Spartiates que l'on puisse imaginer. Sparte, fondée par la

LE CAP SUNIUM.

Le cap Sunium est la pointe extrême de la presqu'île de l'Attique. Tandis que la montagne enfermait la Laconie et Sparte, la mer enveloppait l'Attique et ouvrait ses routes infinies aux Athéniens. Au sommet du cap on voit les ruines d'un temple de marbre blanc consacré à Athéné.

conquête, est un état continental, militaire, gouverné par une aristocratie, conservatrice obstinée des vieilles lois et des vieilles mœurs. Athènes, état maritime, est le pays des entreprises commerciales, de la culture intellectuelle et des révolutions. Deux grands faits dominent l'histoire d'Athènes : la fondation d'un empire maritime et l'organisation de la démocratie, ou gouvernement du peuple par lui-même. Ces deux faits se tiennent, car ce fut le commerce de mer qui créa dans Athènes une classe de citoyens riches et actifs, qui ne voulurent pas être gouvernés par les nobles, propriétaires du sol, et leur arrachèrent le pouvoir. Ainsi la prospérité d'Athènes et sa constitution politique sont l'œuvre de la mer.

L'ATTIQUE L'Attique, dont Athènes fut la capitale, était destinée, par la nature de son sol et sa position, à être habitée par un peuple de marchands et de matelots. C'est une presqu'île, un triangle rocheux qui, se détachant du massif central de la Grèce, s'avance en plein Archipel entre l'île d'Eubée et l'isthme de Corinthe. Le cap Sunium, qui termine cette presqu'île, commande à la fois les routes maritimes de Crète, d'Asie et de Thrace. Le pays n'est guère propre à l'agriculture. Sa surface est très réduite; il n'a que vingt lieues de long et dix lieues d'extrême largeur et n'équivaut pas même à la moitié du plus petit de nos départements. Il y a peu de bonne terre; les trois maigres petites plaines d'Éleusis, de Marathon et d'Athènes entaillent à peine ce bloc de rochers. Cependant les premiers Athéniens vécurent de leur sol peu fertile. Dans les courtes vallées, entre les montagnes et la mer, ils cultivaient l'orge et le blé; sur les collines, l'olivier, la vigne et le figuier. Quand les habitants devinrent plus nombreux, ils durent s'approvisionner par mer, et la néces-

LA RÉCOLTE DES OLIVES. — D'après un vase peint.

L'Attique produisait des olives en grande quantité. Les paysans font tomber les olives à coups de bâtons, comme chez nous on gaule les noix. A gauche, le paysan est vêtu d'un pagne comme un Égyptien; à droite, il est vêtu d'un maillot collant avec demi-manches. La coiffure est une calotte de feutre.

sité en fit des marins. Leur capitale Athènes, faite de deux villes, résumait pour ainsi dire ce double aspect de leur histoire.

ATHÈNES

Athènes s'élève dans la vallée du Céphise. Cette vallée, la plus fertile de l'Attique, est d'un séjour agréable parce qu'elle est exposée aux vents marins du sud qui la réchauffent pendant l'hiver et la rafraîchissent pendant l'été. Outre ces avantages, deux accidents de terrain firent la fortune d'Athènes. Dans le milieu de la plaine s'élève un rocher à pic haut d'environ 100 mètres, aplani au sommet, propre à construire un sanctuaire national et un château fort; ce fut l'*Acropole* où s'élevèrent le temple d'Athéné et les demeures des premiers rois. A la côte, qui est naturellement basse et plate, se rattache une presqu'île rocheuse pleine d'anses et de rades dont la plus importante devint le port du Pirée. La ville continentale se doubla d'une ville maritime. Par sa position, Athènes dominait l'Attique et dominait la mer.

POPULATION DE L'ATTIQUE

L'Attique était une terre trop pauvre pour tenter les conquérants, et trop en dehors des grandes routes de terre pour être envahie par les peuples en migration. Les Athéniens purent se vanter d'être nés sur leur sol. En réalité ce fut une race très mélangée, car beaucoup de fugitifs vinrent se fixer en Attique et se mêler aux Pélasges qui l'habitaient. La mer y amena aussi des colons étrangers. Dans ce concours de peuples dominèrent les Ioniens et l'Attique prit d'eux le nom d'Ionie. Cette diversité d'origine explique peut-être les aptitudes si variées des Athéniens qui furent, en même temps qu'un peuple de commerçants, un peuple de lettrés et d'artistes.

Les Athéniens sont les premiers qui aient donné au monde le spectacle d'un peuple se gouvernant lui-même par ses votes. Leur histoire primitive est celle des révolutions par lesquelles le pouvoir passa des rois aux nobles et des nobles au peuple. Ainsi se fonda chez eux une forme de gouvernement libre qu'ils appelèrent *démocratie*, et dont l'établissement définitif coïncida avec la splendeur d'Athènes.

LA ROYAUTÉ

A l'origine, dans l'Attique comme dans tous les pays, la population vécut sous le régime patriarcal. Chaque famille était gouvernée par le père, à la fois prêtre, juge et chef de guerre. Ces familles se groupèrent ensuite en tribus ou *dèmes*. Il y en eut douze. L'un de ces dèmes, qui avait pour centre Athènes, imposa sa suprématie aux autres. Ainsi se trouva créé le royaume de l'Attique dont le premier roi aurait été *Thésée*.

L'ARISTOCRATIE

Les anciens chefs de famille, ceux qu'on appelait les *Eupatrides*, c'est-à-dire les *bien-nés*, formèrent une aristocratie, une noblesse qui était seule propriétaire de la terre. Cette noblesse ne voulut pas supporter l'autorité d'un roi. Elle ruina la royauté et l'Attique fut gouvernée par des magistrats qu'élisaient chaque année les Eupatrides et qu'on appelait les *Archontes*.

Mais les Eupatrides gouvernaient brutalement le peuple. Les paysans et les ouvriers n'ayant pas de quoi vivre empruntaient aux nobles qui les jetaient en prison, les prenaient comme esclaves, au besoin les vendaient quand ils ne pouvaient rembourser les sommes prêtées. De là des soulèvements, que l'on crut empêcher pour l'avenir en établissant un code de lois attribué à *Dracon* et dont la sévérité est devenue proverbiale : la peine de mort y était prononcée à chaque ligne. Ces lois cruelles ne firent qu'exaspérer davantage les souffrances du peuple. Pour éviter une guerre civile, les nobles et le peuple s'entendirent pour confier au sage Solon le soin de donner à l'Attique une nouvelle organisation politique.

SOLON. SON ŒUVRE

Solon n'est pas comme Lycurgue un personnage dont l'existence est douteuse. Il était de famille royale et passait pour le plus bienveillant et le plus aimable des Grecs. Il avait beaucoup voyagé, s'était enrichi par le commerce; il avait fréquenté les philosophes de l'Asie; il était poète aussi, et ses vers enflammèrent le patriotisme des Athéniens qu'il mena lui-même à la victoire contre l'île d'Égine. Il aurait pu être le maître d'Athènes, il se contenta d'en être le bienfaiteur.

Pour rétablir l'ordre, Solon fit mettre en liberté les esclaves pour dettes et interdit qu'à l'avenir un créancier pût s'emparer de la personne de son débiteur. Puis il donna aux paysans la propriété d'une partie de la terre qui appartenait toute auparavant aux seuls nobles; il limita la quantité de terre que chaque citoyen pouvait avoir. Après quoi il donna une constitution.

Les Athéniens étaient divisés en quatre classes d'après leur fortune. Les droits et les devoirs étaient proportionnés à la richesse; ils allaient en diminuant de la première à la quatrième classe — la moins riche — qui, au début, n'avait que le droit de vote, mais ne payait pas d'impôt et ne devait pas le service militaire. La naissance, où l'homme n'est pour rien, n'avait donc plus d'importance politique : la fortune seule, qui peut s'acquérir par le travail et le mérite personnels, déterminait la place des citoyens dans l'État.

L'ASSEMBLÉE DU PEUPLE

Le fait capital est que rien ne se faisait désormais dans Athènes que par la volonté de tous, exprimée dans l'*Assemblée du peuple*. L'Assemblée se composait de tous les citoyens réunis sur la place publique ou *Agora*. Elle élisait les magistrats, les *Archontes* et plus tard les membres du *Conseil des Quatre Cents*, ou *Sénat*. Enfin elle votait les lois préparées et proposées par ces derniers. La justice était rendue par le tribunal de l'*Aréopage*, composé des archontes sortis de charge.

Cette constitution fut dans la suite complétée par Clisthène. Il établit l'*ostracisme*. Quand un citoyen menaçait de devenir trop puissant, ou troublait la cité, l'Assemblée du peuple pouvait par mesure de prudence décider que pour dix ans il serait éloigné d'Athènes. Ce bannissement, qui n'avait rien de déshonorant, était prononcé après un vote pour lequel chaque citoyen inscrivait sa décision sur une *coquille*: d'où le nom d'ostracisme, ou vote des coquilles, par opposition aux autres votes qui se faisaient à mains levées.

L'AGRICULTURE

Les lois de Solon, qui réglementaient tous les détails de la vie athénienne, nous montrent un peuple qui tira d'abord ses ressources de l'agriculture. La plupart des Athéniens vivaient à la campagne, sur leurs terres; la ville était surtout le centre religieux et politique. C'est pourquoi les lois eurent pour premier objet d'organiser la possession et l'exploitation du sol. Solon chercha à multiplier le nombre des propriétaires pour stimuler l'activité de chacun et faire produire davantage à ce pays peu fertile. Par crainte de famine, il interdit d'exporter tout autre produit que l'huile. Le bétail était rare; il était défendu de tuer les bœufs de labour et les agneaux. Le cheval était un animal de luxe et les propriétaires de chevaux ou *chevaliers* formaient la deuxième classe de citoyens.

L'INDUSTRIE ET LE COMMERCE

Solon eut l'idée de suppléer à l'insuffisance des ressources agricoles en favorisant le développement des métiers. Par là, la ville, d'abord petite et pauvre, parvint à une grande prospérité. Ses habitants tirèrent du Laurium, montagne voisine d'Athènes, de grandes quantités

PAYSANS SE RENDANT AU MARCHÉ. — D'après un vase peint.
Le premier, avec un bonnet descendant sur les oreilles, paraît nu sous une simple pèlerine; il porte un sac sur le dos. Le second est vêtu d'un pagne. Il porte ses produits au marché dans deux sacs de paille tressée pareils aux couffins *des paysans algériens. Les deux personnages ont la tête classique grecque.*

d'argent et cette richesse leur permit de créer une industrie, un commerce et une marine. La population libre chercha dans ces voies nouvelles la fortune que la stérilité du sol lui refusait. Des étrangers purent devenir citoyens à la condition d'apporter en Attique une industrie qui y fut inconnue. De toutes parts se fondèrent des fabriques de meubles, d'armes, de tissus et surtout de poteries. Athènes devint dès lors une ville manufacturière, renommée par le bon goût et l'élégance de ses produits.

LA TYRANNIE

La Constitution de Solon ne mit pas fin aux crises politiques dans Athènes. Les hommes de la quatrième classe trouvaient que l'on n'avait pas assez fait pour eux. Un ambitieux nommé *Pisistrate*, du vivant même de Solon, exploita ce mécontentement, et se posa en défenseur des revendications populaires. Un jour il se présenta couvert de sang à l'assemblée ; il s'était blessé lui-même, mais prétendit que les ennemis du peuple avaient voulu l'assassiner. On lui donna le droit d'avoir des gardes armés, avec lesquels il s'empara de la citadelle. Il fut alors un véritable roi. Son gouvernement s'appela la *tyrannie*, mot qui ne désigna pas d'abord un gouvernement cruel, mais toute puissance usurpée et la royauté exercée par un homme qui n'était pas roi de naissance. Pisistrate conserva la constitution de Solon, gouverna avec douceur, ouvrit de nombreuses routes, embellit Athènes, y créa une bibliothèque, et fit réunir pour la première fois les divers poèmes qui constituèrent l'Iliade et l'Odyssée.

Ses fils Hippias et Hipparque lui succédèrent. Mais la tyrannie devenue oppressive pesait aux Athéniens : deux jeunes gens, Harmodios et Aristogiton, profitèrent d'une fête pour poignarder Hipparque ; ils ne purent atteindre Hippias qui plus tard fut cependant obligé de s'enfuir d'Athènes. Quant aux deux assassins, ils furent mis à mort. Dans la suite, les Athéniens exaltèrent leur souvenir et les transformèrent en martyrs de la liberté ; on leur éleva des statues, on chanta leur gloire dans les fêtes. Cette apologie d'un assassinat prouve à quel point la passion de la liberté était développée dans le cœur du peuple athénien.

CHAR GREC. — D'après un vase peint.

Des paysans transportent sur un char dont les roues ont une forme très particulière deux amphores. Ces amphores de terre remplaçaient nos tonneaux et servaient à contenir l'huile, le vin, même le grain.

CHAPITRE V

LES COLONIES GRECQUES

Il n'y a jamais eu *un État grec*; cependant, malgré la division en républiques souvent rivales les unes des autres, il y eut *un peuple grec* dont tous les membres eurent une langue, des habitudes et des intérêts communs. Il y eut un *monde grec* formé non seulement des cités d'Europe, mais encore de toutes les cités fondées au delà des mers, c'est-à-dire des *colonies.* L'Archipel devint une sorte de mer intérieure, au bord de laquelle des villes, indépendantes les unes des autres et qui formaient chacune un État distinct, contribuèrent chacune pour leur part aux progrès et à l'éclat de la civilisation grecque.

La mer sollicitait naturellement l'activité des Grecs. Mais, aux époques lointaines de leur histoire, des hommes isolés n'osaient guère affronter sur leurs petits bateaux les tempêtes et les pirates. Pour les contraindre à passer la mer, il fallut de grands bouleversements, tels que des *invasions* ou des *révolutions.* Il y eut en effet deux grands mouvements de colonisation grecque : le premier causé par les invasions du XIIe siècle, le second par les révolutions et les guerres des VIIIe et VIIe siècles.

LA COLONISATION AU XIIe SIÈCLE

On a vu que primitivement la Grèce était habitée par les Éoliens et les Doriens au nord, les Achéens et les Ioniens dans le Péloponèse. Cette répartition fut bouleversée au XIIe siècle par l'invasion appelée le *Retour des Héraclides.* C'étaient, dit la légende, les fils d'Héraclès qui, chassés de Mycènes, avaient été recueillis par les peuples du Nord et étaient revenus à leur tête conquérir le Péloponèse. Cette légende rend compte, à la façon grecque, du fait suivant. Les peuples du Nord furent refoulés hors de leur pays par une invasion des Thessaliens. Les Éoliens émigrèrent en

Asie; mais les Doriens retombèrent sur le Péloponèse où ils soumirent les Achéens. Quant aux Ioniens ils remontèrent en Attique ou passèrent en Asie.

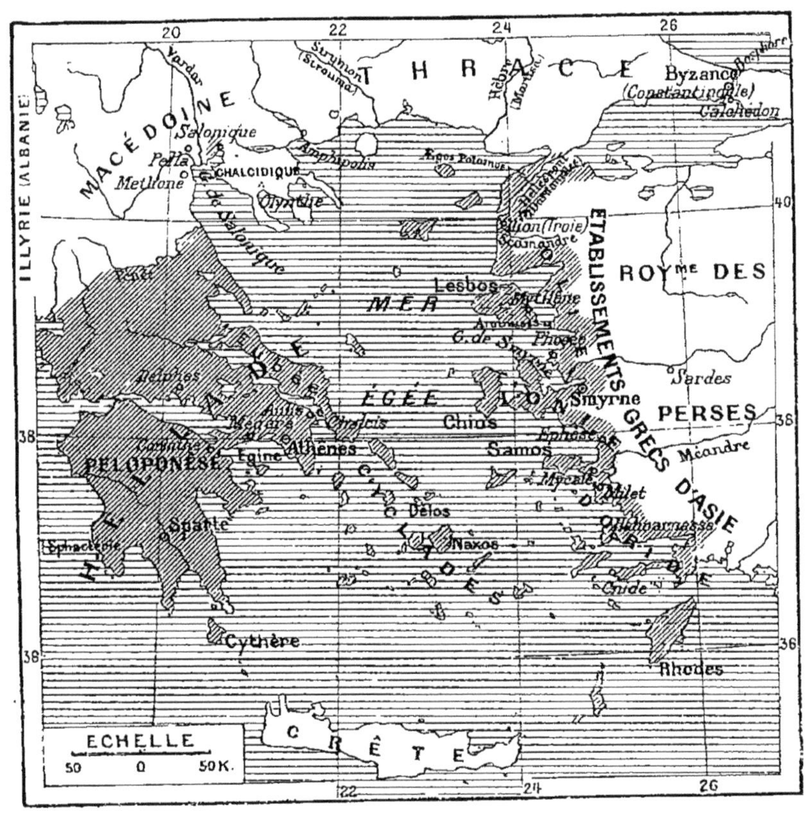

CARTE DE L'ARCHIPEL.

L'ÉOLIDE Les Éoliens, partis d'Aulis en Béotie, s'établirent dans la plus grande des îles de la côte d'Asie, Lesbos, et sur le littoral asiatique depuis l'Hellespont — les Dardanelles — jusqu'au golfe de Smyrne. Ce territoire fut désigné sous le nom d'*Éolide* et comprit douze cités dont les principales furent Mitylène et Smyrne, bientôt conquise par les Ioniens.

L'IONIE Les Ioniens colonisèrent plus au sud d'abord les îles de Chios et de Samos, puis tout le littoral compris entre le golfe de Smyrne et le Méandre : ce fut l'*Ionie*, pays célèbre par sa prospérité. Le luxe, les lettres et les arts rendirent fameuses ses principales villes : Smyrne, enlevée aux Éoliens, Phocée, Éphèse et Milet.

LA DORIDE

Les Doriens ne se bornèrent pas à la conquête du Péloponèse. Ils colonisèrent la ligne des îles les plus méridionales de l'archipel des Cyclades, depuis Cythère, au sud du Péloponèse, jusqu'à Rhodes, sur la côte d'Asie; puis sur le littoral ils fondèrent Halicarnasse et Cnide. Ce pays, appelé la *Doride*, prolongea au sud de l'Ionie la ceinture de territoires et de villes grecs qui bordèrent l'Asie Mineure.

COLONISATION AUX VIIIe ET VIIe SIÈCLES

Au VIIIe et au VIIe siècle les cités grecques furent déchirées par les guerres civiles que provoquèrent les luttes entre le peuple et les nobles. A Athènes et à Sparte ces luttes furent apaisées par les constitutions de Solon et de Lycurgue. Mais ailleurs les partis vaincus furent réduits à s'expatrier. Il en résulta un nouveau mouvement d'expansion coloniale. Toutefois il ne suivit pas la même direction que le premier. Les émigrants se portèrent surtout dans trois régions :

1° Au nord les côtes de Thrace et de Chalcidique, c'est-à-dire la Roumélie actuelle;

2° A l'ouest l'Italie méridionale, la Sicile et les terres de la Méditerranée occidentale;

3° Au sud, Chypre, l'Égypte et l'Afrique.

COLONIES DES MERS DU NORD

Les Ioniens de l'île d'Eubée allèrent s'établir dans la presqu'île de Chalcidique et y fondèrent entre autres la ville d'Olynthe sur les bords du golfe de Salonique. Les Doriens de Mégare fondèrent dans la région du Bosphore : sur la rive d'Asie, Calchédon ou Chalcédoine — Scutari ; sur la rive d'Europe, Byzance — Constantinople; Héraclée du Pont, sur la côte asiatique de la mer Noire.

COLONIES DE LA MER IONIENNE ET DE L'ADRIATIQUE

Les Doriens de Corinthe s'établirent dans les îles de la mer Ionienne, à Leucade et à Corcyre, à Ambracie en Épire, à Apollonie, à Épidaure sur la côte d'Illyrie, l'Albanie actuelle.

Les Eubéens de Chalcis s'étaient déjà implantés en Italie, où ils avaient colonisé le rocher de Cumes, célèbre par

LES COLONIES GRECQUES

sa prophétesse, appelée la Sibylle. Cumes avait à son tour fondé Naples.

Au VIIIe siècle, le sud de l'Italie et la Sicile se couvrirent de colonies grecques qui firent donner à ce pays le nom de *Grande Grèce*. Les plus célèbres furent : au fond du grand golfe méridional de l'Italie, Tarente; au sud de la Calabre, Crotone et Sybaris aujourd'hui disparue; en Sicile, Syracuse, Agrigente — aujourd'hui Girgenti. La plupart de ces colonies étaient d'origine dorienne et devinrent très florissantes. On vanta longtemps la puissance des tyrans de Syracuse et le luxe proverbial des Sybarites.

COLONIES DE LA MÉDITERRANÉE

Les Ioniens d'Asie ne tardèrent pas à passer dans l'île de Chypre et de là en Égypte où ils jouèrent un rôle important sous la XXVIe dynastie. Ils y fondèrent même Naucratis. A la même époque des Doriens fondaient en Afrique la colonie de Cyrène — Tripoli. Les Phocéens abordaient en Gaule et y fondaient Marseille. D'autres Grecs découvraient l'Espagne et y exploitaient les richesses du pays de Tharsis — l'Andalousie.

Tous ces établissements rendirent possible le commerce des Grecs, qui ne pouvait se faire que par mer. Les colonies exploitaient des pays plus riches que la Grèce et elles exportaient le trop-plein de leur production. Les vins et les tissus d'Asie, les métaux et le bétail d'Italie, les blés de Thrace, les poissons des îles, les objets d'art de l'Orient, circulèrent dans les mers grecques d'abord, puis dans la Méditerranée entière. Les Grecs devinrent les rivaux heureux des Phéniciens et le commerce de la Méditerranée se partagea entre les deux races : la race grecque sur les côtes d'Europe, la race phénicienne sur les côtes d'Afrique.

UNITÉ DU MONDE GREC

Tous les Grecs, ceux du continent comme ceux des colonies, sentaient qu'il existait entre eux un lien puissant de parenté. Chacun d'eux était passionnément attaché à sa petite patrie : mais il savait qu'au delà des flots bleus il y avait d'autres villes blanches, semblables à la sienne, où l'on parlait sa langue, où il ne serait pas dépaysé. Ce sentiment de la communauté de race créa l'unité du monde grec, et cette unité trouva sa forme dans la religion. Le Grec de Sicile ou d'Asie était le frère d'un Grec d'Athènes ou de Sparte, parce qu'ils adoraient les mêmes dieux. L'expansion coloniale, loin d'affaiblir ce lien religieux, ne fit que le resserrer davantage.

FONDATION D'UNE COLONIE

La fondation d'une colonie est un acte religieux. Le fondateur, chef des colons, prend en grande pompe, à l'Acropole, citadelle et sanctuaire de sa ville natale, une part du feu sacré et les images des dieux protecteurs. L'endroit choisi pour la ville nouvelle comprend toujours un port et une colline qui sera la nouvelle Acropole. Dès qu'on est débarqué, on installe les dieux, on dresse un foyer où l'on dépose le feu apporté de la patrie et l'on célèbre un sacrifice. La ville est ainsi fondée. Si l'on manque d'habitants, on acceptera comme citoyens tous les Grecs qui viendront sacrifier aux dieux de la ville et qui se reconnaîtront leurs fidèles. Les indigènes sont tenus à l'écart.

L'ORACLE DE DELPHES ET LES COLONIES

Une preuve du caractère religieux des colonies est dans la part que prit l'oracle de Delphes à leur fondation. Les prêtres d'Apollon à Delphes étaient très renseignés sur les pays d'outre-mer. Les pèlerins qui venaient de l'étranger au temple leur fournissaient sur les contrées lointaines et leurs productions un grand nombre de documents dont ils tiraient parti. Aussi, quand on demandait à l'oracle vers quel point les colons devaient se diriger, la Pythie ne manquait guère d'indiquer un endroit favorable et l'on doit remarquer que les villes ainsi créées subsistent encore pour la plupart. La réputation de l'oracle s'en accrut et la politique coloniale de ses prêtres eut une grande influence sur les destinées de la Grèce.

CARACTÈRE DES COLONIES GRECQUES

Une colonie grecque n'était pas, comme nos colonies françaises, une possession de la mère patrie ou *métropole*, administrée par elle et soumise à ses lois. C'était un État complètement indépendant, et qui ne restait attaché à sa métropole que par les usages et le culte. Sans doute les citoyens de la mère patrie étaient reçus avec des égards particuliers. Sans doute on lui empruntait des prêtres et même des chefs d'État. Sans doute on continuait de prendre part à ses fêtes, par des ambassades, des sacrifices et des offrandes. Mais cette fidélité aux anciens usages religieux, ces marques de respect ne mettaient pas la colonie en tutelle; elle n'était pas vassale de la métropole, elle était son égale.

LES COLONIES ET LA CIVILISATION

Ces relations de famille entre les Grecs des colonies et ceux du continent firent que tous profitèrent des progrès de chacun. Or le mouvement colonial grec fit faire un grand pas à la civilisation. Les colons, hommes énergiques et entreprenants, n'étaient point arrêtés par tous les préjugés qui embarrassaient les habitants des vieilles cités. Aller de l'avant était leur devise, comme celle des Américains d'aujourd'hui, auxquels ils ressemblaient par l'origine et la façon de vivre. Ils eurent comme eux une grande hardiesse en politique et en affaires. Ils formèrent de petites républiques commerçantes occupées, non à conquérir, mais à s'enrichir. Ces colonies servirent d'intermédiaires entre l'Orient et l'Occident. Les premiers chefs-d'œuvre grecs virent le jour sur la terre d'Asie. Ce fut en Ionie que furent composés les poèmes homériques, et que vécurent des philosophes et des savants comme *Thalès* de Milet ou *Pythagore* de Samos. Les Ioniens en effet se trouvèrent en contact direct avec les civilisations chaldéenne, phénicienne et égyptienne dans toute leur splendeur. Il en résulta que les sciences des Chaldéens, les arts des Égyptiens, l'alphabet des Phéniciens et leur art de la navigation, les idées religieuses de tout l'Orient vinrent se fondre en une civilisation unique qui fut la civilisation grecque.

INSTITUTIONS COMMUNES AUX GRECS

La mer permit à tous ces peuples grecs dispersés d'avoir entre eux des relations suivies : relations politiques et relations religieuses. Les relations politiques, telles que les *confédérations* et les alliances, ne rapprochaient que quelques cités. Mais les relations religieuses réunissaient tous les Grecs dans la célébration des mêmes cultes et des mêmes fêtes.

Tous les Grecs reconnaissaient comme dieu suprême Zeus, qu'ils appelaient *panhellénique*, c'est-à-dire maître de tous les Hellènes. Tous en effet venaient l'adorer dans son sanctuaire principal, à *Olympie*, dans le Péloponèse. De même tous les Grecs avaient une dévotion particulière pour Apollon et venaient consulter son oracle à *Delphes* au pied du mont Parnasse. Il se forma, entre les peuples unis plus étroitement par un même culte, de véritables associations religieuses qui devinrent parfois des associations politiques. On les nomma *amphictyonies*, et les plus célèbres furent celles du culte d'Apollon à Delphes et à Délos.

LES GRANDS JEUX

En l'honneur de certains dieux on célébrait de grandes fêtes sportives ou *jeux*, auxquelles la Grèce entière assistait et qu'elle suivait avec passion. Malgré le goût des Grecs pour les exercices physiques, ces jeux n'étaient pas simplement des spectacles comme

LA COURSE ARMÉE. — D'après un vase peint.

Les concurrents, portant cnémides, bouclier et casque, approchent du but où se trouve le juge drapé dans son manteau. A côté du juge un athlète nu assiste à l'arrivée. A droite, les trépieds et les vases, prix réservés aux vainqueurs.

nos courses ou nos concours de gymnastique. C'étaient des fêtes religieuses pendant lesquelles les guerres étaient suspendues. On consacrait aux dieux le triomphe de la beauté et de la force humaines.

Les principaux concours étaient : la course à pied avec ou sans armes ; la course de chars à quatre chevaux ; la course de chevaux montés où le vainqueur sautait à terre pour toucher le but ; le saut en longueur ; le jet du disque ; la lutte à main plate ; le pugilat ou boxe ; le pancrace, sorte de lutte mêlée de pugilat.

CHAR DE COURSE. — D'après un vase peint.

Le char, attelé de trois chevaux, rappelle le char Égyptien. A droite, la borne qui sert de but.

Les concurrents s'appelaient *athlètes* et subissaient un long entraînement avant de concourir. Les vainqueurs recevaient pour prix aux jeux une palme, ou bien une simple couronne d'olivier ou de laurier, parfois un trépied. Mais ils devenaient dans leurs cités des personnages à qui l'on rendait les plus grands hon-

LE DISCOBOLE. — Le lanceur de disque.

Le jeu consistait à lancer le plus loin possible un lourd disque de métal. La statue du Discobole, œuvre du sculpteur athénien Miron, contemporain de Phidias, était un des chefs-d'œuvre de la sculpture grecque; on n'a plus qu'une copie conservée au Vatican à Rome.

neurs. On leur faisait une réception triomphale; on leur élevait des statues et les poètes les chantaient dans leurs vers.

Les principaux jeux étaient :

1° Les *Olympiques*, à Élis, en l'honneur de Zeus.

2° Les *Pythiques*, à Delphes, en l'honneur d'Apollon.

3° Les *Isthmiques*, à Corinthe, en l'honneur de Poseidon.

4° Les *Néméens*, en Argolide, en l'honneur d'Hercule.

Les plus renommés étaient les jeux Olympiques qui revenaient tous les quatre ans. Cet espace de quatre ans s'appelait une *Olympiade* et ce nom servait à noter la chronologie grecque. On disait : tel fait s'est produit la première ou la deuxième année de telle Olympiade.

LETTRES ET ARTS

Les lettres et les arts furent aussi un trait d'union entre les Grecs. Aux grands jeux, il y avait souvent des récitations de poèmes, des auditions de chants, des expositions de tableaux ou de statues. Les artistes et les poètes étaient connus et aimés de tout le monde grec. Un proverbe disait qu'un homme pouvait mourir heureux quand il avait contemplé, à Olympie, la beauté de la statue de Zeus, œuvre du sculpteur Phidias.

Tel fut ce monde grec à qui son intelligence et sa bravoure devaient donner la victoire sur la formidable puissance des Perses.

TÊTE DE LUTTEUR. — BRONZE D'OLYMPIE.
Cette tête d'un admirable réalisme est celle d'un pugiliste à en juger par l'oreille tuméfiée.

CHAPITRE VI

LES GUERRES MÉDIQUES

On appelle guerres Médiques les guerres que les Grecs soutinrent contre les rois des Mèdes et des Perses pendant un demi-siècle (500-449). Elles ont été contées en grand détail par l'historien grec Hérodote, contemporain des événements. Les Grecs défendirent vaillamment leur indépendance et remportèrent des victoires éclatantes. Ce fut le triomphe de l'Europe sur l'Asie, de la liberté sur le despotisme, mais non, comme on l'a dit longtemps, le triomphe de la civilisation sur la barbarie.

PERSES ET GRECS

A toute guerre il y a des causes apparentes, des prétextes, et des causes réelles. La cause réelle des guerres Médiques fut la nécessité où se trouvaient les rois de Perse de chercher à s'étendre vers l'Ouest. Darius, en Afrique et en Asie, avait atteint le désert, la mer ou des montagnes infranchissables. Or ce conquérant rêvait de nouvelles conquêtes. L'Europe, à peine séparée de l'Asie par un bras de mer, tentait son ambition. Déjà il avait envahi la Scythie, c'est-à-dire la Russie méridionale et conquis la Thrace, c'est-à-dire la plus grande partie de la Turquie d'Europe actuelle; il n'avait plus devant lui que le monde grec.

C'était une proie magnifique et qu'il croyait facile à saisir. Les villes grecques qu'il possédait sur la côte d'Asie Mineure l'avaient renseigné sur ce peuple actif et industrieux. Il le détestait parce qu'il n'obéissait pas à des despotes, et il rêvait de lui imposer des tyrans qui seraient ses vassaux. Des exilés grecs, entre autres Hippias, ancien tyran d'Athènes, le poussaient à la guerre.

Le spectacle de la Grèce à cette époque était pour l'encourager. Il n'y avait d'autre cité redoutable que Sparte, à la tête du Péloponèse. Athènes n'était encore qu'une grande ville, réduite à son propre territoire, sans puissance extérieure. De plus, les cités grecques étaient divisées par des rivalités de voisinage, d'intérêt, de gouvernement. Beaucoup d'entre elles étaient déchirées par des luttes entre aristocrates et démocrates, et les aristocrates sollicitaient volontiers l'appui du *Grand Roi*, comme l'appelaient les Grecs. Une expédition en Grèce paraissait devoir être une promenade militaire. Au premier prétexte, Darius commença la guerre.

Cette guerre peut être divisée en trois périodes : 1° période de Darius ; 2° période de Xerxès ; 3° période de la Confédération de Délos.

PÉRIODE DE DARIUS

La guerre commença en 500 par une révolte de Milet, ville ionienne d'Asie, vassale de Darius ; elle fut soutenue par les Athéniens. Les Ioniens et les Athéniens, pénétrant dans l'intérieur, prirent et brûlèrent Sardes, résidence du satrape perse. Toutes les villes de la côte grecque d'Asie se soulevèrent ; mais les Ioniens, déshabitués de la guerre et de l'effort, furent en six ans réduits les uns après les autres par Darius aidé des Phéniciens.

Darius, pour se venger des Athéniens, envoya en 492 une première expédition ; mais la flotte fut détruite par les tempêtes près du mont Athos.

Deux ans après, Darius fit demander *la terre et l'eau* aux cités grecques, c'est-à-dire exigea leur soumission. Quelques-unes, effrayées, consentirent. Athènes et Sparte tuèrent les ambassadeurs du Grand Roi. Bientôt une flotte de 600 navires débarqua une armée en Attique, dans la plaine de *Marathon*, à 7 kilomètres d'Athènes.

Les Athéniens terrifiés demandèrent secours aux Lacédémoniens : une fête religieuse les empêcha de partir. Les Athéniens se trouvèrent réduits à leurs seules forces. Mais ils eurent un grand général en la personne de Miltiade. Grâce à l'habileté de ses dispositions, les Perses, un peu supérieurs en nombre, furent vaincus et forcés à se rembarquer. Ce jour-là Athènes avait sauvé la Grèce (490).

PÉRIODE DE XERXÈS

Darius mourut en 485 sans avoir vengé sa défaite. Son fils Xerxès hérita de sa puissance et de ses projets. Il ne voulut pas seulement châtier les Athéniens, il voulut anéantir la force du monde grec, et prépara une formidable expédition. Il rassembla tous les contingents armés de son empire pour les jeter sur la Grèce. Cette multitude atteignait, au dire des historiens grecs, cinq millions d'hommes, dont 2 600 000 combattants. Le reste était composé de valets d'armée et de train des équipages. Tous les ports d'Asie, de Phénicie et d'Égypte furent mis à contribution pour fournir une flotte de 1200 navires et de 3000 transports. Les Phéniciens les commandaient, heureux de cette occasion de détruire la marine des Grecs. Enfin, Xerxès joignit la corruption aux armes et essaya à prix d'argent de provoquer des soumissions et des trahisons.

Sparte et Athènes convoquèrent à Corinthe un congrès de toutes les cités grecques pour former une ligue sous la direction des Spartiates. Plusieurs cités refusèrent d'y adhérer par jalousie, et ce fut un petit nombre de peuples qui résolurent de combattre jusqu'à la mort pour leur liberté. Mais les Athéniens, avertis de la grandeur du péril par la bataille de Marathon, avaient, sur les conseils de l'orateur ***Thémistocle,*** consacré toutes leurs ressources à équiper une flotte de 200 navires. Cette flotte allait encore sauver la Grèce.

Au printemps de l'année 480, l'armée de Xerxès, après avoir mis sept jours et sept nuits à franchir les Dardanelles sur deux ponts de bateaux, descendit vers la Grèce en suivant parallèlement à la flotte les côtes de Thrace et de Macédoine. Les Grecs, trop peu nombreux pour combattre en plaine, attendaient l'ennemi au défilé des *Thermopyles*, passage tellement resserré entre le mont Œta et la mer que deux chariots y pouvaient à peine passer de front. Mais, à cause de la célébration des Jeux Olympiques, ils ne purent laisser en cet endroit que 7000 hommes dont 300 hoplites de Sparte commandés par le roi ***Léonidas.*** Cette poignée d'hommes arrêta la cohue des Perses jusqu'au moment où un traître indiqua à Xerxès le moyen de tourner le défilé. Alors Léonidas, pour obéir aux lois de Sparte qui défendaient de reculer, résolut de se faire tuer avec ses hommes. Il renvoya les autres troupes et, restant avec ses héroïques compagnons, montra aux Perses et au monde comment on meurt pour le devoir, la liberté et la patrie.

La flotte grecque, forte d'environ 400 navires, suivit la même tactique que l'armée de terre. Elle se posta dans le détroit d'*Artémisium*, entre l'Eubée et la terre, et là elle coula quelques navires à l'ennemi. Puis, pendant que Xerxès envahissait l'Attique et brûlait Athènes, elle vint attendre les Perses en face de la

CHAMP DE BATAILLE DE MARATHON. — D'après une photographie.

La vue est prise du tombeau des Athéniens : à gauche l'entrée de la vallée de Vrana d'où les Athéniens auraient débouché; à droite, l'entrée de la vallée d'Avlona. La montagne la plus élevée est le mont Aphorismos.

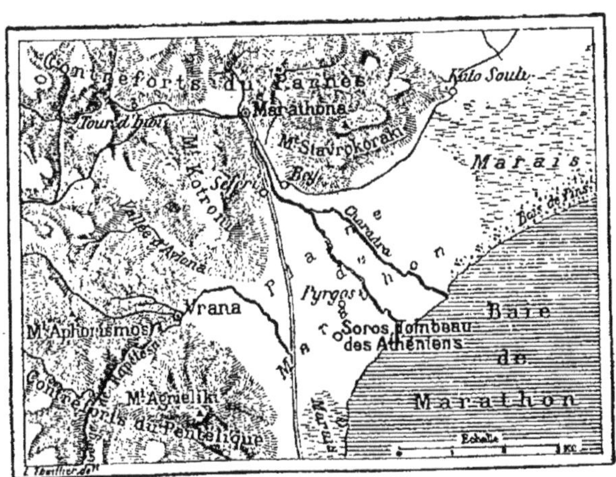

PLAN DU CHAMP DE LATAILLE DE MARATHON, août 490.

Les Athéniens venaient de la montagne vers Vrana; les Perses occupaient la plaine, leur gauche à la mer. Beaucoup périrent dans les marais du Nord.

côte de l'Attique, devant l'île de *Salamine* où s'étaient réfugiés les femmes et les enfants des Athéniens. Les alliés allaient se débander, quand ils furent cernés par Xerxès. Ils ne songèrent plus dès lors qu'à combattre et, grâce aux trières d'Athènes, ils triomphèrent de la flotte perse. Xerxès, qui, du rivage, avait assisté à la bataille sur un trône d'or, s'enfuit en Asie.

L'élite de l'armée perse, 300 000 hommes, hiverna en Grèce, sous les ordres de *Mardonius*. Mais les Grecs avaient repris confiance. Ils se groupèrent autour des Spartiates et vinrent au nombre de 120 000 attaquer Mardonius près de *Platées*, en Béotie. Après plusieurs manœuvres qui avaient pour but de garder les points d'eau et de repousser la cavalerie ennemie, l'affaire s'engagea par un combat d'arrière-garde qui devint une mêlée générale où les Perses furent battus (479).

Pendant ce temps les Grecs d'Asie se soulevèrent, secourus par une flotte grecque qui battit les Perses à *Mycale*. Les rôles étaient désormais renversés : le monde grec allait attaquer les Perses.

PÉRIODE DE LA CONFÉDÉRATION DE DÉLOS

Comme on ne pouvait attaquer les Perses que par mer, Sparte abandonna d'elle même le commandement de la flotte à Athènes. Alors Athènes forma avec les principales villes ioniennes une confédération dont le siège fut au temple d'Apollon à *Délos* et qui vota la guerre contre le Grand Roi (476). Chaque cité confédérée dut fournir des hommes, de l'argent et des vaisseaux, d'après un règlement fait par l'Athénien *Aristide*, surnommé le Juste. A la tête des forces confédérées fut placé *Cimon*, fils de Miltiade. Il chassa les Perses de Thrace, des îles de la mer Égée et de la côte d'Asie Mineure.

Ces succès rapportèrent à Athènes de la gloire et des territoires. Mais, comme les alliés se fatiguaient de la guerre, Athènes leur proposa de remplacer par une contribution plus forte leur contingent d'hommes et de vaisseaux. Ils acceptèrent et devinrent ainsi les tributaires d'Athènes qui, conservant seule la direction de la guerre, devint la capitale d'une sorte d'empire.

En 449 le Grand Roi se détermina à signer la paix avec les Athéniens. Par un traité connu sous le nom de *traité de Cimon*, il reconnaissait la mer Égée comme mer grecque, et s'engageait à ne jamais y envoyer un vaisseau de guerre et à ne pas approcher de la côte à plus de trois jours de marche.

Athènes, relevée de ses ruines et grandie par la guerre, était devenue la rivale de Sparte et une guerre à mort ne devait pas tarder à éclater entre ces deux cités.

LES DEUX ARMÉES

Les Grecs, bien inférieurs en nombre aux Perses, durent leurs victoires à la qualité de leurs soldats et à la supériorité de leur armement. Le Grec était, dès le bas âge, rompu aux exercices du corps; les jeux de force et d'adresse faisaient le fond de son éducation. Il portait avec aisance la lourde armure d'airain, la cuirasse couvrant la poitrine et le casque à visière enveloppant presque complètement la tête; il maniait avec une grande science de l'escrime, l'épée et la lance, ses armes familières.

L'armée grecque était composée d'hoplites habitués, comme ceux de Sparte, à charger l'ennemi en ligne. Leur façon de combattre était quelque chose d'analogue à nos charges à la baïonnette. Ils laissaient l'arc aux troupes auxiliaires et usaient peu de la cavalerie, presque inutile dans leur pays de montagnes. Leur force était surtout dans la discipline et leur science des manœuvres, et cette force était doublée par le courage qu'inspire à des citoyens libres le sentiment de l'honneur et le patriotisme.

L'armée du roi de Perse était composée surtout d'archers et de cavaliers. Ils lançaient leurs flèches à distance, supportaient mal le choc de l'ennemi et ne savaient pas attaquer en ordre serré. De mauvaises armes défensives, des boucliers d'osier, par exemple, les défendaient mal dans les combats corps à corps. Leurs piques étaient plus courtes que celles des Grecs. Ils venaient se faire tuer par petits groupes sur le front de la phalange grecque. Quand le centre, où étaient les Immortels de la garde, troupe d'élite, était enfoncé, les ailes se débandaient aussitôt.

Leur cavalerie était redoutable, mais ils ne purent en tirer parti dans les plaines étroites de la Grèce. Enfin, leurs soldats étaient non pas des citoyens combattant pour leurs foyers, mais des sujets, presque des esclaves combattant pour la gloire d'un maître redouté et souvent haï. Leur nombre même était une cause de faiblesse : car outre que la discipline était difficile à maintenir dans une pareille cohue, où les hommes venus de tous les pays, Perse, Inde, Assyrie, Caucase, Arabie, Égypte, Abyssinie, Nubie, ne parlaient même pas la même langue, il était extrêmement difficile de ravitailler, de nourrir, de cantonner ces millions d'hommes.

BATAILLE DE MARATHON

A Marathon les Athéniens mirent en ligne environ 31 000 hommes : 10 000 hoplites d'Athènes, 1000 Platéens, à peu près 20 000 auxiliaires, métèques ou esclaves armés. Les Perses n'avaient pas plus de 40 000 hommes. La bataille de Marathon fut une charge héroïque lance en avant, en même temps qu'une manœuvre habile et une victoire de l'arme blanche sur l'arc. Miltiade, qui avait vu l'armée de Darius en Thrace, savait que les Perses se plaçaient au centre et mettaient leurs sujets aux ailes. Il se proposa de culbuter les ailes des barbares pour tourner le centre. Pour y parvenir, il disposa ses hoplites sur un front égal à celui de l'ennemi, mais en renforçant ses propres ailes. Puis, pour éviter les ravages des flèches barbares, il ordonna l'attaque au pas de course.

« Les Perses, dit Hérodote, voyant leurs adversaires charger à la course, attendirent le choc. A leur petit nombre, à cette manière d'attaquer en courant, ils les jugèrent atteints d'une folie qui allait en un clin d'œil les perdre, d'autant plus qu'ils n'avaient ni cavalerie, ni archers. Les Athéniens engagèrent la mêlée et combattirent avec une bravoure digne de mémoire. En effet, les premiers des Grecs à ma connaissance, ils tombèrent en courant sur des ennemis; les premiers aussi, ils envisagèrent sans trouble le costume médique et les hommes qui le portaient. » La manœuvre réussit. Les Athéniens, vainqueurs des ailes, se rabattirent sur le centre des Perses qui avait eu l'avantage jusque-là et le taillèrent en pièces. Les flèches perses avaient tué 192 Athéniens; les lances grecques avaient abattu 6400 barbares.

LES DEUX FLOTTES. LA TRIÈRE

Xerxès, aussi bien que les Grecs, avait compris que le sort de la guerre serait décidé sur mer. Par mer, en effet, les Grecs pouvaient couper ses communications avec l'Asie, et tirer des îles des renforts et des vivres. Il leva donc, dans ses provinces maritimes, une flotte de 1200 navires à laquelle il semblait que rien ne dût résister. Il laissa à ces vaisseaux leurs rameurs nationaux, confia la direction de la manœuvre aux marins Phéniciens tandis que des soldats Perses constituaient l'équipage de combat. Ces équipages disparates ne manœuvraient pas d'ensemble et c'était une faiblesse. En outre cette flotte, composée d'éléments différents, n'avait point été exercée aux évolutions en masse. Les Phéniciens qui la commandaient étaient d'excellents marins de commerce; ils n'avaient pas eu l'occasion de se former à la guerre maritime.

En Grèce, au contraire, un homme d'État clairvoyant, Thémistocle, avait décidé les Athéniens à construire une flotte de guerre, en prévision d'une invasion nouvelle. « Sur terre, disait-il, nous ne sommes pas en état de résister même à nos voisins; au lieu qu'avec des forces maritimes, nous pourrions repousser les barbares et commander à la Grèce. » Thémistocle était chef des démocrates; il fut combattu par Aristide, chef des aristocrates, célèbre par sa vertu et sa justice, mais homme d'idées étroites et ennemi des nouveautés. Il redoutait la transformation d'Athènes en État maritime, l'abandon et la ruine de l'agriculture, l'envahissement de la ville par les matelots et les marchands étrangers. Les Athéniens mirent fin à cette rivalité en exilant Aristide par un vote d'ostracisme. Thémistocle fit alors consacrer les revenus publics à construire 200 trières.

Jusqu'alors les Athéniens n'armaient guère que des galères à 50 rames, d'où leur nom de *pentécontores*, assez légères pour qu'il fût possible de les tirer à terre chaque soir, bateaux de côtes et non de haute mer. Au contraire, la *trière* ou *trirème* réunissait les deux qualités. C'était un navire long, terminé par une pointe de métal, *l'éperon* fortement assujetti à l'avant. Elle était manœuvrée par 150 rameurs, disposés en trois étages de 25 hommes sur chaque flanc. En outre elle était munie de voiles carrées. Sa vitesse pouvait atteindre 9 à 10 nœuds à l'heure — environ 18 kilomètres : ses formes élancées la rendaient très facile à manœuvrer. Seule sa hauteur sur l'eau était un danger en cas de tempête, mais les Grecs ne naviguaient pas dans la mauvaise saison.

La trière comprenait environ 200 hommes d'équipage divisés en trois catégories : les rameurs, les marins, les soldats de débarquement. Ceux-ci étaient postés sur le pont et de là criblaient de traits l'ennemi en attendant le moment de l'abordage.

Les 200 trières d'Athènes furent montées uniquement par des Athéniens, car les rameurs se recrutèrent parmi les citoyens de la 4ᵉ classe qui ne servaient pas à l'armée, faute d'argent pour s'équiper. Les équipages étaient donc bien dans la main des commandants de trières ou *triérarques*. Cette flotte exercée aux manœuvres d'ensemble avec la discipline

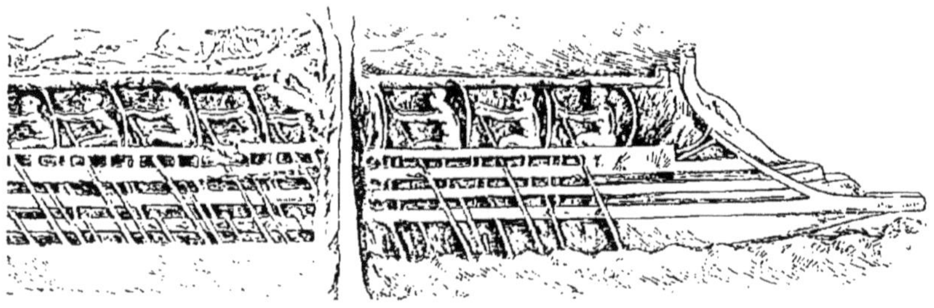

AVANT D'UNE TRIÈRE. — D'après un bas-relief d'Athènes.

L'avant est armé de l'éperon. Au-dessus des rameurs le pont; le sculpteur n'a représenté que les rameurs du premier étage; mais on aperçoit les rames passant par les ouvertures des deux lignes des étages inférieurs.

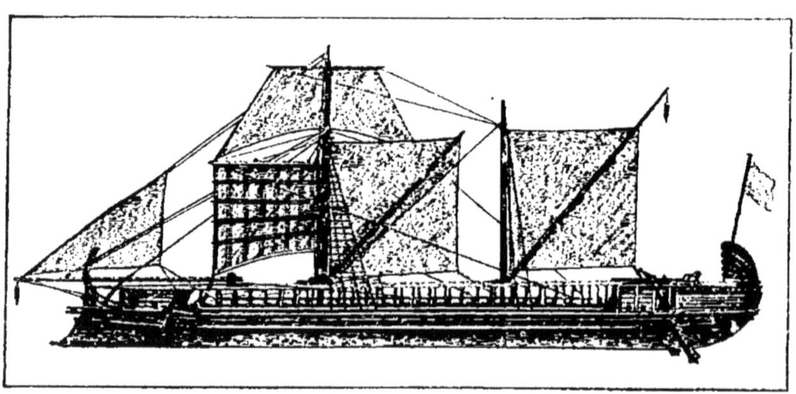

UNE TRIÈRE. — Restauration du Musée de la Marine.

Sous le pont on aperçoit les logements des rameurs représentés sur le bas-relief précédent. La voilure n'est certaine que pour la voile quadrillée. La trière devait mesurer au maximum 40 mètres de long, à peu près la longueur des canonnières employées sur nos côtes et qui sont parmi nos plus petits bateaux de guerre. Sa hauteur de la quille au pont était de 3 mètres et demi. Elle était montée par environ 200 hommes et pouvait faire 18 kilomètres à l'heure. Le croiseur Jeanne-d'Arc *a 145 mètres de long, plus de 8 mètres de tirant d'eau, 620 hommes d'équipage et file plus de 41 kilomètres à l'heure.*

intelligente qui caractérisait les Athéniens eut une puissance offensive considérable. C'est à elle que revient la gloire de Salamine.

BATAILLE DE SALAMINE

Les Grecs, pour protéger les familles des Athéniens réfugiées à Salamine, avaient mouillé leur flotte dans le détroit qui sépare cette île et la terre et qui n'a guère plus de 2000 mètres de large. Dans ce faible espace ils pouvaient, malgré la disproportion du nombre, tenir

Combat naval. — D'après un vase peint.

Deux navires à un seul rang de rames. Les rameurs sont placés sous le pont. L'avant du navire de gauche, muni d'un éperon, a la forme d'une tête de poisson — l'esturgeon. Un grand bouclier couvre le pilote à l'arrière. L'autre navire est mâté et rappelle les vaisseaux phéniciens. Remarquer les emblèmes des boucliers, tête de taureau, crabe, etc. Les combattants sont des hoplites.

tête à la flotte perse qui vint les y chercher. Mais en voyant l'incendie d'Athènes et la multitude des Perses, la plupart des Grecs voulaient abandonner les navires et courir à la défense de leurs foyers. Thémistocle, qui sentait Athènes et la Grèce perdues si l'on se débandait et qui avait confiance dans la valeur de la flotte, eut recours à une ruse pour les forcer à combattre. Il fit avertir secrètement Xerxès que les Grecs allaient partir et que son intérêt était de les cerner. Xerxès, toujours prêt à croire aux trahisons, écouta l'avis de Thémistocle et fit cerner la flotte des Grecs. Ceux-ci combattirent en désespérés et remportèrent la victoire. Ils la durent surtout à l'excellence des trières athéniennes et à la tactique de Thémistocle. Mettant à profit la mobilité de sa flotte, il fit attaquer la ligne perse sur les ailes. comme Miltiade avait fait à Marathon. Les vaisseaux perses ne pouvant, faute d'espace, fuir les coups d'éperon des Athéniens, se rapprochèrent les uns des autres, s'entrechoquant, fracassant leurs rames. Dès lors, incapables de gouverner, ils furent facilement détruits. Sur 500 navires engagés par Xerxès, 200 furent coulés. A la fin, ce fut un massacre où l'on assommait les Perses à coups de rames « comme des thons pris au filet ».

ROLE DE SPARTE ET D'ATHÈNES

Le salut de la Grèce fut l'œuvre de Sparte et surtout d'Athènes. Sparte passait, à cause de son armée, pour la première puissance de la Grèce; aussi lui donna-t-on le commandement des forces confédérées. Ses soldats furent ce qu'on attendait: des héros. Aux Thermopyles, comme partout, ils se firent tuer plutôt que d'abandonner leur poste. Mais s'ils furent braves, ils furent peu entreprenants. Ils arrivèrent trop tard à Marathon. A Platées, ils durent attendre les Athéniens pour forcer les retranchements de Mardonius. Ils laissèrent aux Athéniens le mérite de l'initiative, et Athènes dut sa grandeur à la routine de Sparte non moins qu'à la valeur intelligente de ses propres citoyens.

Plan de la rade de Salamine.

La flotte perse venait de la haute mer; elle était séparée en deux corps par l'île de Psyttalie. La flotte grecque, d'abord cachée par la pointe Kynosoura, attaqua dans l'espace compris entre l'extrémité de cette pointe et la partie de la côte où Xerxès avait fait placer son trône pour assister à la bataille. La largeur du détroit en ce point est à peine de 2 kilomètres.

Le rôle d'Athènes fut prépondérant. Ce furent trois de ses citoyens qui sauvèrent la liberté nationale : Miltiade, en inventant la tactique de Marathon; Thémistocle, en créant et en dirigeant sa marine de guerre: Aristide, revenu d'exil et converti aux idées nouvelles, en fondant la ligue de Délos. Sur tous les champs de bataille, Athènes incarna le triomphe de l'intelligence sur la force brutale. Seule de toutes les cités grecques elle eut la notion du vrai danger et du vrai devoir. « Si les Athéniens, dit Hérodote, par crainte du péril qui les menaçait, eussent abandonné leur pays, ou si, restant dans leur ville, ils se fussent soumis à Xerxès, personne n'aurait tenté de s'opposer au Roi sur mer et la Grèce eût été perdue. » Elle y gagna de devenir la reine des mers grecques, et la vraie capitale du monde grec.

Rade de Salamine. — D'après une photographie.

La vue est prise du Pirée dont l'entrée est à droite. A gauche, la pointe de l'île de Psyttalie avec un phare. En arrière les hauteurs de la pointe Kynosoura, derrière laquelle était abritée la flotte grecque. Le trône de Xerxès devait être placé au pied du mamelon central.

L'AME GRECQUE

Le temps des guerres médiques, comme celui de la Révolution française, fut un temps d'héroïsme où l'on vit des hommes sacrifier leurs intérêts matériels et leur vie à l'idée supérieure de la liberté et de la patrie. Les actions et les paroles sublimes abondent en cette période. Sur la tombe des Spartiates morts aux Thermopyles, on grava ces mots : « Passant, va dire à Sparte qu'ici reposent 300 de ses citoyens morts pour obéir à ses lois. » A Xerxès qui lui faisait demander de rendre ses armes, Léonidas répondait : « Viens les prendre. » A Salamine, Aristide, exilé, vint, la veille de la bataille, demander sa place de combat en disant à Thémistocle : « Remettons nos querelles à un autre temps, et luttons à qui des deux rendra le plus de services à la patrie. » Xerxès ayant sollicité l'alliance des Athéniens après Salamine, ils lui répondirent : « Tant que le soleil suivra dans les cieux sa course accoutumée, les Athéniens ne contracteront pas d'alliance avec Xerxès. » L'oracle de Delphes semblait favorable aux Perses. L'amour de la liberté fut plus fort que les scrupules religieux ; on rusa avec l'oracle. On chassa l'ennemi et il fut désormais établi que nulle force au monde n'est supérieure au respect des lois et au patriotisme.

SOLDAT GREC ET SOLDAT DE L'ARMÉE PERSE.
D'après des vases peints.

Le soldat grec était bien protégé par le casque, dont les oreillères sont ici relevées, par la cuirasse et les cnémides. Le soldat perse, avec son manteau, son ample tunique brodée, ses molletières d'étoffe, son bonnet, n'a rien qui le défende. Le sabre qu'il porte sur l'épaule a la forme du handjar turc.

CHAPITRE VII

LA CIVILISATION ATHÉNIENNE

LA VIE PRIVÉE A ATHÈNES

Après les guerres médiques, Athènes, fière de sa gloire et riche de ses conquêtes, brille d'un éclat extraordinaire. Elle présente alors le tableau le plus achevé de la vie grecque,

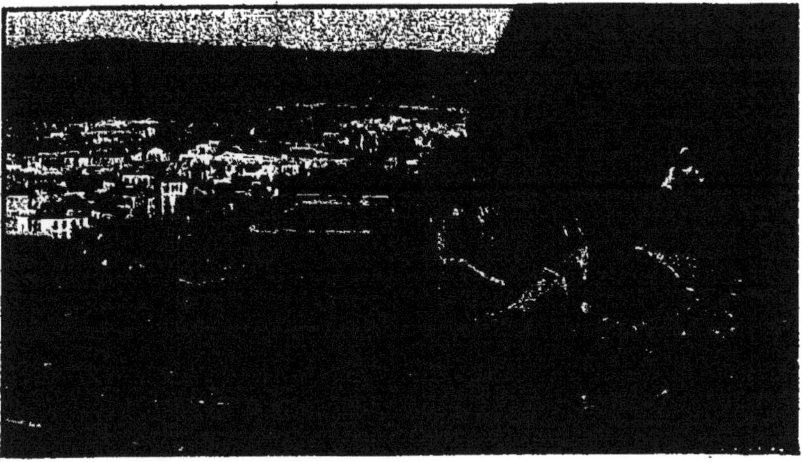

ATHÈNES. — Maisons modernes au flanc de l'Acropole.

Une partie de ces maisons est, comme dans l'antiquité, creusée dans le roc : ce sont de vraies grottes fermées par un mur. Les autres avec leurs toits en terrasse, leurs jours pris seulement sur la cour, sont pareilles aux maisons des indigènes d'Algérie ou de Tunisie. Au fond à gauche la ville moderne.

si différente de la nôtre. Le bien-être et les joies de la maison retiennent fort peu un Grec. Comme la plupart des méridionaux, il passe ses journées hors de chez lui, occupé par les affaires, le sport, la politique et les cérémonies. Il vit non pour sa famille mais pour sa cité. Le luxe de sa ville fait son orgueil;

il se contente personnellement d'une vie très simple et modeste, pourvu que les monuments publics et les fêtes de ses dieux excitent l'admiration universelle.

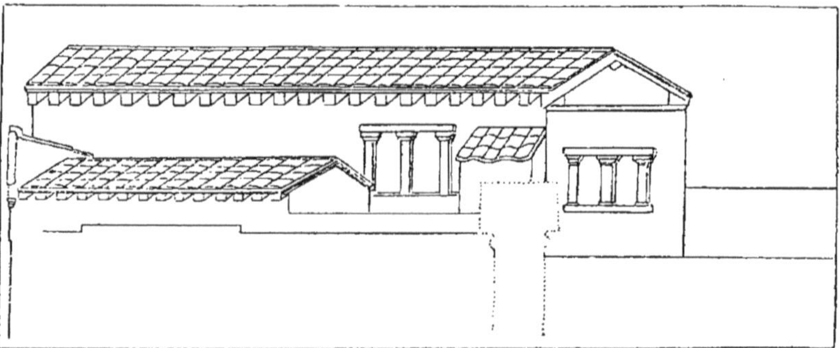

Esquisse d'une maison riche sur un bas-relief et restauration de la maison par M. Garnier.

Le buste qu'on aperçoit à droite de la petite maison est un Hermès : *c'était une décoration familière aux portes des maisons et dans les carrefours de la ville, comme les croix ou les calvaires aux carrefours de nos routes.*

LA VILLE

Athènes n'était point une ville bâtie de hautes maisons et percée de larges rues. Les maisons s'accrochaient aux flancs de l'Acropole, selon le caprice du propriétaire, formant un dédale de ruelles dont les vieux quartiers indigènes des villes algériennes peuvent donner une idée. Quand, après l'incendie de la ville par les Perses, on reconstruisit Athènes, on créa des quartiers neufs plantés d'arbres, où les maisons s'espacèrent et s'alignèrent; mais ce furent les demeures des riches. Les commerçants restèrent dans leurs masures de la vieille ville.

LES MAISONS

Les maisons ordinaires se composaient d'un rez-de-chaussée, divisé en deux pièces très petites, et d'un étage, auquel on accédait ordinairement par un escalier extérieur. La partie inférieure était creusée dans le roc et les murs étaient faits de bois, de briques ou de torchis. Au

COFFRE. — D'après un vase peint.

Le couvercle est levé; le coffre est de grande dimension et pourrait contenir un homme. Il servait à garder les vêtements et les objets précieux; il remplaçait et il remplace encore aujourd'hui dans les Balkans nos armoires et nos placards. Il en fut de même chez nous presque jusqu'au XVIe siècle.

lieu de forcer les serrures, les voleurs se contentaient de percer les murs. A l'intérieur, les murailles étaient blanchies à la chaux; il n'y avait pas de cheminée, pas plus qu'aujourd'hui dans les maisons de notre Provence ou à Naples en Italie : on se chauffait au brasero. Les maisons riches ressemblaient aux palais homériques. Elles comprenaient trois parties : une entrée gardée par un portier; l'appartement des hommes dont les salles et les chambres s'ouvraient sur une cour entourée d'un portique, c'est-à-dire d'une galerie couverte soutenue par des colonnes;

enfin, l'appartement des femmes ou *gynécée* qui donnait sur un jardin. Les meubles principaux étaient les fauteuils, les chaises, les trépieds, les tabourets, les lits de repos, les lits de

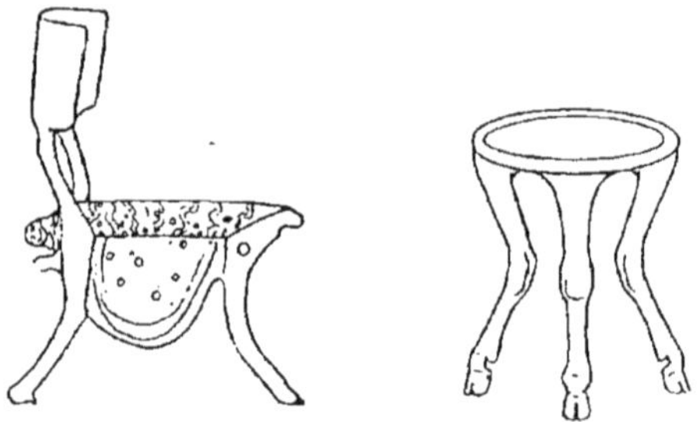

TABLE ET CHAISE. — D'après un vase peint.
La table — plutôt un guéridon — repose sur trois pieds, imitant des jambes de biche. La chaise, avec un large dossier rappelant le dossier des fauteuils de bureau, s'appelait clismos. *Le siège est garni d'un coussin mobile et d'une draperie retombant entre les pieds.* (Voir d'autres sièges, une table et un lit, pages 212, 214, 216.)

table — car l'on mangeait couché — et les coffres à vêtements. Les murs étaient décorés de peintures; les parquets couverts de tapis et de coussins.

LE COSTUME

Les pièces essentielles du costume des hommes et des femmes étaient désignées par les mêmes noms, *chiton* et *himation*. On traduit chiton par *tunique* et himation par *manteau*. Le chiton et l'himation paraissent bien avoir composé tout le costume des hommes, tout au moins le costume de ville et de cérémonie. Mais des dessins sur les vases représentent des guerriers portant des caleçons et des hommes vêtus de gilets collants avec demi-manches analogues aux *tricots* et aux *jerseys* : telle statuette d'Hermès le représente avec une sorte de jupon plissé pareil à la *fustanelle* du Grec d'aujourd'hui. Il semble qu'au temps des guerres médiques le costume civil se soit simplifié. Le chiton était une sorte de longue blouse sans manches, relevée à la taille avec une ceinture, et descendant cependant au genou, souvent même jusqu'aux pieds. L'himation était un grand manteau, formé d'une seule pièce d'étoffe qu'on enroulait autour du corps, comme le font encore les Espagnols avec la *cape*. Les jeunes gens portaient de préférence une espèce de pèlerine attachée au cou, appelée *chlamyde*. La coiffure consistait, tantôt en une calotte de feutre, le *pilos*, tantôt en un chapeau à larges bords, le *pétase*, que l'on rejetait derrière la tête jusque sur le dos.

Le costume féminin ne fut ni plus uniforme, ni plus immuable qu'il ne l'est de nos jours. La mode eut ses caprices même à Athènes. Les Grecques ont porté des toilettes compliquées, des corsages ajustés avec des manches bouffantes et des jupes à petits plis, à plis creux, à volants même, ornées de dessins et de broderies. Au temps des guerres médiques, pour les femmes comme pour les hommes, le *chiton* est la pièce principale du vêtement.

Le chiton des femmes formait par sa longueur et son ampleur une véritable robe flottante serrée par une ceinture. Tantôt cette robe était en laine et tombait à grands plis; tantôt elle était en toile de lin et artistement repassée au fer. Pour sortir, la femme s'enveloppait dans l'himation, plus ample, d'étoffe plus souple et plus riche que celui des hommes. Il y avait des vêtements de toute couleur et de tout dessin, mais les plus répandus étaient ceux de lainage blanc à bande de couleur. Le vrai luxe des femmes était dans les bijoux. Les formes de la coiffure étaient très variées. Les femmes faisaient usage de peignes, de diadèmes, même de teintures et de faux cheveux.

Hommes et femmes se chaussaient de sandales retenues au pied par des courroies; ils aimaient beaucoup les cuirs de couleur. Avec ces maisons et ces costumes, Athènes devait ressembler à une ville arabe.

LES HOMMES ET LES FEMMES

L'Athénien fait de sa vie deux parts. Il va à l'agora, au tribunal, au temple, au gymnase, aux bains ou à sa boutique; mais rentré chez lui, il ne dit rien à sa femme de ce qu'il a fait. Celle-ci n'est pas associée à sa vie. Elle est son épouse, et la mère de ses enfants. Cependant elle n'est pas une sorte d'esclave comme en Orient. Elle est mariée devant la loi; elle possède une dot qui assure son indépendance. Elle administre la maison et dirige les travaux des serviteurs. Elle peut sortir de chez elle et recevoir des amies. Elle prend part aux sacrifices religieux, et certains cultes, comme celui de Déméter, lui sont exclusivement réservés. Ce sont ses seules distractions. Elle ne prend jamais part aux réunions des hommes et ses préoccupations ne sortent pas du domaine du ménage ou de la toilette.

La jeune fille est sévèrement renfermée dans le gynécée. Elle

Costumes masculins.

Hermès.
Statuette archaïque en bronze.

Grec de Thessalie
D'après une photographie.

Hermès, un bélier sous le bras, est vêtu en voyageur : calotte de feutre, pilos, *pèlerine courte,* chlamyde, *tunique avec jupe serrée à la taille, bottines hautes. La tunique de l'Hermès est pareille à la* fustanelle, *sorte de jupon fait d'une longue bande de toile plissée, que les Grecs portent aujourd'hui par-dessus le pantalon, et, dans cette photographie, sous une ceinture de cartouches.*

Ulysse chez Achille. — D'après un vase peint.

Achille, sur un tabouret en forme d'X, diphros, *est enveloppé dans l'himation ; il est chaussé de sandales. Ulysse, appuyé sur deux lances, est vêtu d'un chiton plissé et d'une chlamyde : il a des bas et des sandales. Les autres personnages, Ajax et Phénix, font voir combien étaient variées les façons de draper l'himation. Au mur une épée et un bonnet.* (Voir d'autres costumes, pages 156, 160, 178, 217.)

Costumes féminins.

BRISEIS. — D'après un vase peint.

Corsage ajusté, à manches bouffantes; jupe à plis. L'himation brodé, avec une élégante bordure, n'est ici qu'une écharpe; une extrémité est rejetée derrière l'épaule droite, l'autre passe sur le bras et l'épaule gauches. Coiffure à longues boucles tombant sur l'épaule avec guirlande de fleurs. Aux poignets des bracelets.

CLYTEMNESTRE. D'après un vase peint.

Une jupe de dessous finement plissée, une jupe de dessus à plis creux; une blouse flottante à plis; par-dessus une sorte de pèlerine. Les motifs d'ornementation de la jupe se répètent sur toutes les parties du costume.

FEMME EN COSTUME DE RUE. — D'après un vase peint.

Elle est drapée dans l'himation dont un pan est ramené sur la tête. L'himation est drapé à la façon d'une cape ou d'une pèlerine des Vosges.

GROUPE DE FEMMES A LA FONTAINE. — D'après un vase peint.

L'on peut voir ici la variété des costumes et des coiffures; la troisième femme à gauche est vêtue d'un corsage ajusté, à manches, et d' une jupe longue qu'elle relève; la seconde d'un chiton serré par une ceinture. Les autres sont vêtues de l'himation, drapé par chacune d'une façon différente. Toutes ont sur la tête, pour porter la cruche, un coussinet, comme les pâtissiers. L'eau sort d'une gueule de lion et d'une bouche d'âne : les femmes les enguirlandent de fleurs.

reçoit peu d'instruction et ne sait guère que chanter, cuisiner, broder et coudre. L'âge venu, son père la marie à qui bon lui semble sans la consulter.

LES ENFANTS A 6 ans les garçons quittent leur mère et sont conduits à l'école par des esclaves appelés *pédagogues*. L'instruction est obligatoire à Athènes, mais elle se donne chez des maîtres particuliers. Elle comprend deux parties :

ENFANTS A L'ÉCOLE. — D'après un vase peint.

Leçon de lecture et de musique. L'enfant qui lit est drapé dans l'himation. Le livre est un rouleau de parchemin. Aux murs sont suspendus des instruments de musique, une lampe et au milieu un seau contenant les livres roulés.

la *musique* et la *gymnastique*. Par musique on entend non seulement l'art de jouer d'un instrument, lyre, cithare ou flûte, mais la lecture, l'écriture, le calcul et la récitation des poètes, particulièrement d'Homère, en un mot tout ce qui est du ressort des Muses. La gymnastique tenait une grande place dans l'éducation, surtout à partir de 14 ans. Les Athéniens, comme tous les Grecs, avaient le culte de la beauté humaine et ils cherchaient à la développer par des exercices bien réglés. Ces exercices se faisaient à nu dans les gymnases ou *palestres*, sous la direction de maîtres spéciaux. C'étaient la lutte, la course, le saut, le lancement du disque et du javelot. Un jeune homme dont l'éducation morale et physique était complète méritait d'être appelé *beau et bon*. Il avait des muscles vigoureux au service d'un esprit bien formé.

LES ÉPHÈBES A 18 ans, le jeune Athénien entrait dans la classe des *éphèbes*. L'éphébie était à la fois une période d'études et de service militaire. Les Éphèbes fréquentaient les gymnases situés hors de la ville tels que l'*Académie* et le *Lycée*. A leur entrée dans l'éphébie, ils recevaient des armes, prêtaient serment et comptaient parmi les citoyens. Ils en avaient tous les droits ; ils ne pouvaient toutefois être élus à une fonction pu-

ÉPHÈBE A CHEVAL ET ARMÉ. — D'après un vase peint.

Le cavalier monte sans étrier. Il a une tunique et une chlamyde, pèlerine flottante attachée sur l'épaule ; il est coiffé du pétase *retenu par une jugulaire. Il est armé de deux lances.*

blique. L'éphébie durait deux ans et la deuxième année se passait en exercices militaires dans une forteresse de la frontière.

LES ESCLAVES Les citoyens avaient le loisir de vaquer à leurs diverses occupations, parce que tous les travaux pénibles étaient faits par des esclaves. L'esclave était si indispensable aux anciens que jamais ils ne doutèrent que ce ne fût un droit de réduire d'autres hommes au rôle de bétail humain. Il y avait trois sortes d'esclaves : les enfants nés de parents esclaves ; les prisonniers de guerre ; les esclaves achetés au marché. Les maisons riches en possédaient un grand nombre ; les citoyens les plus pauvres en avaient un ou deux à leur service, car leur prix ne dépassait guère 200 francs. Ils étaient la propriété de leurs maîtres qui pouvaient les châtier ou les vendre, mais non les tuer, car la loi protégeait leur vie. Du reste les Athéniens les traitaient avec douceur : ils les employaient souvent à travailler en atelier et leur accordaient un petit salaire. L'industrie très florissante d'Athènes n'existait que grâce à la main d'œuvre des esclaves. Beaucoup d'entre eux exerçaient des métiers d'art et obtenaient de leurs maîtres la faveur d'être affranchis.

LES REPAS

Les seules fêtes que les Athéniens offraient chez eux à leurs amis étaient les banquets. Ils se faisaient par invitations ou par cotisations et les hommes seuls y assistaient. Les convives prenaient place sur des lits garnis

GRECS A TABLE. — D'après un vase peint.

Les dîneurs, enveloppés dans leur manteau, sont couchés, un coussin sous le coude gauche; devant chaque lit une table chargée d'une sorte de soupière et d'un plat. Les chiens des dîneurs sont attachés aux pieds des lits. La femme ne fait que passer.

de couvertures et de coussins. Devant les lits on plaçait des tables toutes servies. On mangeait accoudé sur le bras gauche et avec ses doigts. Après le premier service, on faisait venir des acrobates et des musiciens. Puis, ce spectacle terminé, on continuait à boire et à manger en discutant de politique ou de philosophie.

LES FUNÉRAILLES

Les funérailles étaient aussi des solennités domestiques. Les femmes y jouaient le principal rôle. Elles faisaient la toilette funèbre du défunt. Puis le corps était exposé sur un lit de parade où il restait un jour entier veillé et pleuré par toute la famille. Avant le lever du soleil, le cortège se formait. Le cadavre, porté sur les épaules d'hommes vêtus de noir ou placé sur un corbillard, était suivi de tous les proches parents en costume de deuil. Derrière eux marchaient des joueurs de flûte qui accompagnaient les plaintes chantées par la famille. Le tombeau était creusé dans la montagne et fermé d'une plaque de marbre ou de pierre, sculptée, dressée debout et que l'on appelait *stèle*. On y déposait le cadavre et l'on célébrait un sacrifice en son honneur. Quelque temps après on venait lui offrir le repas funèbre, des gâteaux et du vin, usage qui subsiste encore chez beaucoup de paysans chrétiens dans la péninsule balkanique. La piété des enfants ne manquait pas de renouveler ces offrandes pour se

FUNÉRAILLES. — D'après une plaque en terre cuite.

Le corps est placé sur un char, enveloppé dans un linceul, la face découverte comme il est encore d'usage dans les Balkans. La famille du mort entoure le char; derrière un joueur de flûte — une double flûte. — Remarquer le costume de l'homme à droite du char.

concilier la bienveillance du mort qui vivait, selon eux, de la vie mystérieuse du tombeau. Leurs croyances se rapprochaient ici de celles des Égyptiens. En observant les rites de la sépulture, ils pensaient assurer le bonheur et le repos de l'âme, qui sans cela eût été errante et malheureuse. Les négliger passait pour un sacrilège et un crime que la loi punissait. Des généraux vainqueurs furent condamnés à mort pour avoir négligé de rendre les honneurs funèbres aux soldats tués dans la bataille.

LA VIE PUBLIQUE

La vie d'un citoyen à Athènes était celle d'un homme qui serait en temps ordinaire à la fois commerçant et député, et qui dans certains cas serait appelé par l'élection ou le tirage au sort à devenir magistrat, fonctionnaire ou officier. Tous les citoyens étaient égaux en droits et participaient au gouvernement et à l'administration. Ce gouvernement d'un État par le peuple et au profit du peuple s'appelle *démocratie*.

LA DÉMOCRATIE

« La constitution qui nous régit, dit Périclès, a reçu le nom de démocratie, parce que son but est l'utilité du plus grand nombre et non celle d'une minorité. » Le philosophe Aristote résume à peu près en ces termes le fonctionnement de la démocratie. « Il faut que les magistrats soient élus par tous ou tirés au sort; que les dignités ne soient point distribuées d'après le chiffre de la fortune; que les fonctions ne soient jamais de longue durée; que tous les citoyens soient appelés à juger dans les tribunaux; enfin que la décision de toutes choses dépende de l'Assemblée générale des citoyens. »

C'est ainsi que les choses se passent à Athènes. Tout citoyen, quelle que soit sa naissance et sa fortune, peut arriver aux honneurs, car les Archontes, les Sénateurs et les Juges sont tirés au sort chaque année. Tout citoyen participe au gouvernement, car il décide par son vote de toutes les lois qui régissent Athènes et son empire. Il a encore droit à l'aisance, car, pour permettre aux plus pauvres l'accès de toutes les charges, on imagina de rétribuer les fonctions publiques et même la présence à l'assemblée; en sorte que remplir ses devoirs de citoyen fut un véritable métier pour l'Athénien.

Cette démocratie est en réalité une aristocratie. Les électeurs sont peu nombreux, environ 15000, et leur assemblée est comme une réunion publique où tout le monde se connaîtrait. Ils ont des esclaves pour faire leur travail et des sujets pour fournir de l'argent à la cité. La vie est à bon marché et de légères distributions d'argent assurent à tous le bien-être. Chaque année, 6000 citoyens sont tirés au sort pour être magistrats et il se trouve que la moitié de la cité administre l'autre. Rien n'est moins semblable à nos démocraties modernes où le peuple, se composant de millions d'électeurs, est obligé de remettre à des mandataires le soin de le gouverner pendant qu'il travaille pour vivre.

UN CHEF D'ÉTAT ATHÉNIEN. PÉRICLÈS

« A Athènes, dit Fénelon, tout dépendait du peuple et le peuple dépendait de la parole. » Le véritable maître d'Athènes est l'homme qui parle en public, l'orateur. Ce rôle fut tenu d'une façon particulièrement brillante par ***Périclès,*** le chef du parti populaire. Il appartenait par sa naissance à la famille de Pisistrate et à celle des anciens rois d'Athènes. A ce prestige de la naissance, il joignait le charme d'un esprit des plus cultivés. Il avait eu pour maîtres plusieurs philosophes célèbres. Il acquit toutes les connaissances nécessaires à un homme d'État. Il eut des vues larges en toutes choses, un caractère droit et franc, et un désintéressement qui ne laissa jamais prise à la calomnie. Il sut inspirer confiance par sa modestie, et surtout il eut une éloquence qui fit de lui le vrai maître du peuple. Aussi sans avoir jamais exercé aucune fonction, sans avoir jamais eu aucun titre, sans même avoir été archonte, il gouverna réellement Athènes.

PÉRICLÈS. — Buste du musée britannique.

En général les bustes anciens, même quand les noms y sont gravés, sont des portraits de fantaisie. Le buste de Périclès est des rares qui font exception. Le visage encadré d'une barbe et d'une chevelure abondantes et bouclées est régulier, avec un air de gravité et de noblesse. La lèvre inférieure est un peu épaisse. — Remarquer la visière relevée du casque : abaissée, elle couvrait complètement la face; il y avait seulement deux trous pour les yeux.

Ses discours eurent la plus grande influence sur la marche des affaires. Cette influence s'exerça de manière à augmenter les droits et le pouvoir du peuple, à étendre l'empire d'Athènes, et à favoriser le développement des lettres et des arts. C'est pourquoi cette période, la plus glorieuse d'Athènes, a été appelée le siècle de Périclès.

L'AGORA

L'assemblée du peuple, où régna Périclès, se tenait sur une colline en face de l'Acropole, au *Pnyx*, ou bien sur les flancs mêmes de l'Acropole, au théâtre de Bacchus, et le plus souvent sur l'*agora*, c'est-à-dire sur la place du marché. Tous les citoyens de la ville et de la campagne avaient le droit d'y assister. La réunion avait lieu trois fois par mois et il y avait des séances extraordinaires. Les Athéniens, gens très bavards, aimaient à flâner en attendant l'heure de la séance. Alors les gendarmes scythes, chargés d'assurer l'ordre dans la ville, tendaient une corde enduite de poudre rouge en travers de l'agora et poussaient tout le monde vers le lieu de l'assemblée. Les retardataires étaient ainsi marqués de rouge au dos et punis d'une amende.

ARCHER SCYTHE.

Pour assurer l'ordre dans la ville, les Athéniens entretenaient un corps de police recruté parmi les Scythes. Ces Scythes étaient armés de l'arc et portaient le carquois suspendu au côté gauche par un baudrier.

La séance était présidée par une section du sénat et commençait par un sacrifice. Puis un héraut lisait la proposition de loi préparée par le sénat et demandait : « Qui veut parler? » Les orateurs se présentaient et prenaient à tour de rôle la parole en montant sur une plate-forme de pierre d'où ils pouvaient être vus et entendus de tous. Le peuple, avide d'éloquence, écoutait les débats avec passion, puis il votait à mains levées. Sa décision était sans appel.

LES HÉLIASTES

A côté du tribunal aristocratique de l'Aréopage, on développa le système des tribunaux composés de citoyens-juges, autrement dit le jury. On tira au sort chaque année 6000 citoyens dont 5000 étaient répartis en 10 sections de 500 membres, appelées *dikastéries*. Pour chaque procès, l'une des dikastéries était tirée au sort le matin même de l'audience et jugeait sous la présidence d'un archonte. On appela *héliée* la réunion des 6000 jurés ou *héliastes*. Les accusés devaient

LA TRIBUNE DU PNYX.

Le Pnyx, sur une colline en face de l'Acropole, était un des endroits où se tenait l'Assemblée du peuple : la tribune, une simple plate-forme élevée sur trois marches, avait été taillée à même le rocher.

se défendre eux-mêmes, sans avocats. Ceux qui ne pouvaient le faire, apprenaient par cœur un plaidoyer composé par des gens de métier appelés *logographes*. Le temps de la plaidoirie était limité et marqué par une horloge à eau, la *clepsydre*. La sentence était prononcée après un vote qui se faisait à l'aide de cailloux, noirs pour la condamnation, blancs pour l'acquittement.

Ainsi, à Athènes, le peuple se gouvernait, s'administrait, se jugeait lui-même. Un pareil régime prêtait à bien des excès, mais la garantie de cette constitution était dans le respect qu'avaient les Athéniens pour les décisions prises par la majorité. Ce respect du vote, fondement de toute démocratie, prouvait une véritable éducation de la liberté.

LA PUISSANCE MARITIME ET LE PIRÉE

Cette démocratie avait besoin de grandes ressources pour subsister. Or, l'Attique, comme l'Angleterre d'aujourd'hui, ne produisait même pas de quoi nourrir ses habitants et le pain qu'ils mangeaient était fait de blé venu par mer de la Thrace. Les Athéniens devaient chercher

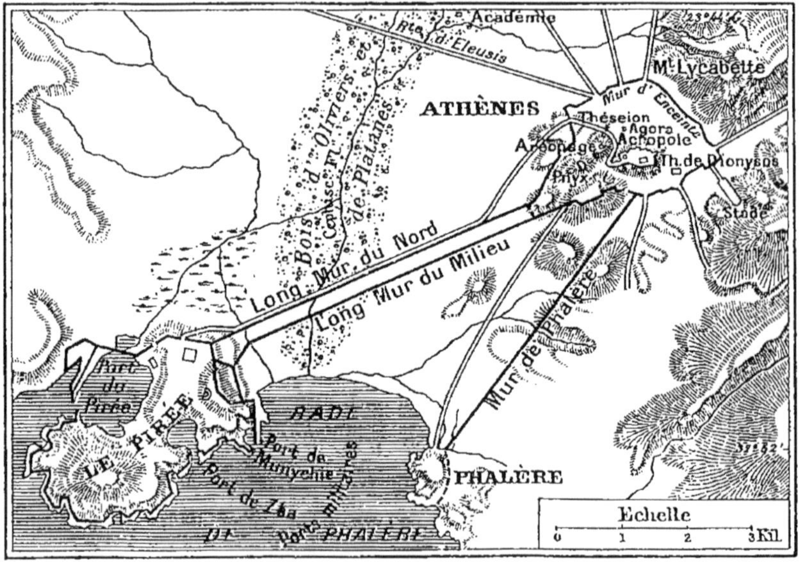

Plan d'Athènes et du Pirée.

au dehors les ressources qui leur manquaient ; il leur fallait se les procurer soit dans leurs colonies, soit par le commerce avec l'étranger : par conséquent il leur fallait être maîtres de la mer. Le centre du commerce et de la puissance maritime d'Athènes était le port du *Pirée*, où se trouvaient réunis les docks, les chantiers et les arsenaux. Complété par les deux ports de guerre de *Zéa* et de *Munychie*, il fut entouré de murailles et relié à Athènes par les *Longs-Murs*, derrière lesquels s'abritait une route, fortifiée sur ses deux côtés dans toute sa longueur. Le

Pirée devint le centre d'un mouvement commercial très important. Il fut l'entrepôt des blés de Thrace et d'Égypte, des poissons de la mer Noire, des métaux du Nord, des tapis et des tissus d'Orient, des cèdres, de la pourpre et des verreries de Phénicie, du lin d'Égypte, des vins et des fruits des îles. Au Pirée vivait une nation cosmopolite où les Levantins de toute race étaient nombreux. Ces étrangers domiciliés à Athènes s'appelaient *Métèques*, et n'étaient pas citoyens.

LES CLÉROUQUIES

Pour assurer la libre navigation des flottes athéniennes, Périclès fit établir, sur tous les points qui commandaient les routes de mer, des colonies armées, d'un caractère nouveau : les *clérouquies*. Ainsi les Anglais ont créé des citadelles maritimes à Gibraltar, à Malte, à Aden. Les clérouquies servaient de points d'appui à la flotte, consolidèrent la puissance d'Athènes et permirent en même temps d'utiliser la population pauvre, qui fut employée à les peupler et fournit pour ainsi dire les garnisons de ces citadelles. Il y eut ainsi des points d'appui en Eubée, à Naxos, en Macédoine et en Thrace.

Ces colonies n'étaient pas des villes indépendantes comme les anciennes colonies grecques: elles faisaient partie du domaine athénien; leurs habitants restaient citoyens d'Athènes et conservaient leurs droits civiques.

LA MARINE ET L'ARMÉE

Pour maintenir sa prépondérance Athènes eut à faire la guerre aux Perses, à dompter des révoltes, à conquérir de nouveaux territoires. Elle augmenta dans ce but le nombre de ses navires qui fut porté à 300. Elle modifia aussi le caractère de son armée de terre. Le noyau de cette armée fut toujours le corps des hoplites; mais on accrut la force de la cavalerie et de l'infanterie légère, armes nécessaires pour les expéditions en terrain varié. Ces corps auxiliaires furent surtout composés de soldats mercenaires, parmi lesquels il faut distinguer les *Peltastes*, sorte de voltigeurs, couverts d'une cuirasse de toile, d'un bouclier échancré, armés d'une longue épée et d'une lance légère, et qui combattaient en tournoyant autour des hoplites.

Une singularité de l'armée athénienne était que les généraux, ou *stratèges*, étaient nommés à l'élection. Le peuple contrôlait ainsi la direction de la guerre.

LES IMPOTS

L'entretien de ces forces et les frais du gouvernement démocratique exigeaient beaucoup d'argent. Athènes avait trois sources de revenus : 1° le produit des mines d'argent du Laurium et des mines d'or de Thrace ; 2° le tribut des alliés ; 3° les impôts. Les impôts ordinaires étaient : les douanes, les octrois, l'impôt sur les étrangers, et, en temps de guerre, l'impôt sur le revenu. Il y avait aussi des impôts extraordinaires appelés *liturgies*, que payaient seuls les plus riches citoyens. Les principales liturgies étaient : la *triérarchie*, ou équipement d'une trière ; la *chorégie*, ou organisation d'une représentation dramatique. Le nombre et l'importance des impôts nous étonnent ; mais il faut nous représenter que le Grec considère qu'il doit à l'État sa vie, son temps et ses biens si celui-ci l'exige.

LETTRES ET ARTS

Le siècle de Périclès fut celui de la splendeur d'Athènes. En faisant consacrer des sommes importantes à l'embellissement de la ville, ce grand homme donna d'abord du travail aux genu pauvres, puis provoqua un essor merveilleux des arts, et dota son pays de monuments dont les ruines excitent l'admiration universelle. A Athènes en effet le luxe est public. Les artistes travaillent pour la cité et fort peu pour les particuliers. As sortir de sa maison modeste, parfois misérable, l'Athénien promène un regard orgueilleux sur les temples, les portiques et les statues qui font la gloire de sa ville. Il est fier que dans sa cité les belles œuvres soient à tous comme le pouvoir.

LES MONUMENTS D'ATHÈNES

Sous l'impulsion de Périclès, on vit surgir de terre toute une ville neuve de temples et de monuments qui remplacèrent les monuments détruits par les Perses. Au pied de l'Acropole, ce furent le théâtre de l'Odéon et le théâtre de Dionysos, le temple de Thésée, le portique du Pœcile où étaient peintes les grandes scènes de l'histoire nationale. Sur l'Acropole, à la place des vieux monuments détruits, s'élevèrent les sanctuaires de la cité, chefs-d'œuvre de l'architecture grecque. Un vaste escalier conduisait au rocher sacré, dont l'entrée était décorée du portique monumental des *Propylées*. Sur l'esplanade se dressait le temple d'Athéné, le *Parthénon* qui, éventré et mutilé, étonne encore les visiteurs par la perfection de ses lignes. Plus loin, on arrivait au temple de l'ancien roi *Erechtée*, avec sa tribune où des statues

La tribune des Cariatides a l'Erechteion.
D'après une photographie.
Une des œuvres les plus exquises de l'architecture et de la sculpture grecques. Les colonnes sont remplacées par 6 statues de jeunes filles (Cariatides). *L'une des statues n'est qu'un moulage : l'original est à Londres.*

de femmes remplaçaient les colonnes, et à la chapelle de la *Victoire Aptère*. Une statue colossale, en bronze, de la déesse Athéné dominait l'ensemble; une autre statue, faite en or et en ivoire par le sculpteur Phidias, resplendissait à l'intérieur du Parthénon. Une foule de statues et d'autres monuments garnissaient les places et les pentes de l'Acropole. Les marbres avaient été tirés du Pentélique, et le tribut des alliés avait payé les artistes.

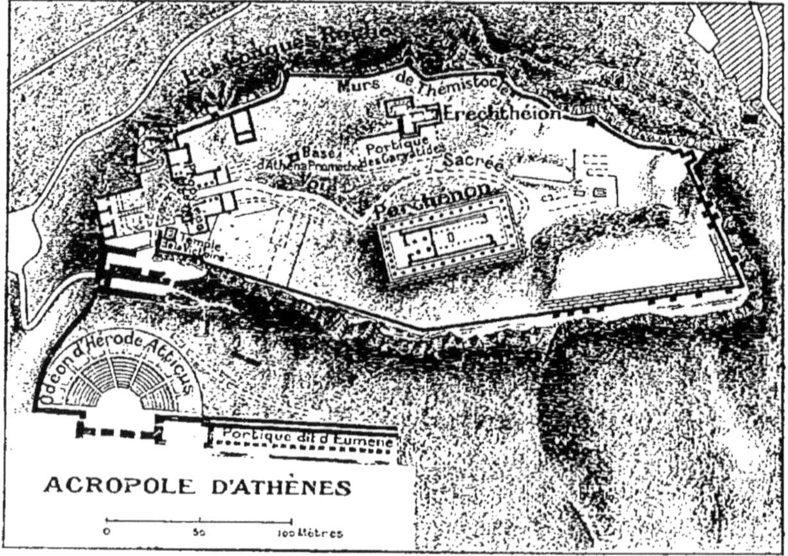

L'Acropole. — Photographie prise du sud-ouest et plan.

Au fond, le Pentélique. A droite, le mont Lycabette, complètement séparé de l'Acropole. Au centre, le Parthénon dominant le mur de Cimon : l'entrée du temple regardait le Lycabette. A gauche du Parthénon, les ruines de l'Erechteion. Plus à gauche et plus bas les ruines du temple de la Victoire et des Propylées, vestibule de l'Acropole. Au premier plan, en dehors de l'Acropole, les ruines de l'Odéon et du portique d'Euméne.

Le Parthénon avait 68 mètres de long, 30 de large, 20 de haut. Il était plus petit que l'église de la Madeleine à Paris. — 108 mètres de long, 43 de large, 30 de haut. — Il a été en partie détruit en 1687, par l'explosion d'une poudrière, et mutilé par lord Elgin qui, en 1810, fit arracher les bas-reliefs de la frise et les statues du fronton, chefs-d'œuvre de Phidias, aujourd'hui à Londres.

Athéné Parthénos.

Cette statuette d'Athéné passe pour être une réduction de la célèbre statue d'or et d'ivoire que Phidias avait sculptée pour le Parthénon. Athéné, casquée — les oreillères du casque sont relevées, — porte sur son ample chiton l'egide avec la tête de Méduse. Elle est chaussée de sandales. Elle s'appuie sur son bouclier derrière lequel se cache le serpent, incarnation de l'ancien roi Érechtée. Dans la main droite elle tient une statuette décapitée de la Victoire.

L ARCHITECTURE Cette floraison de monuments, éclose en quelques années, permit aux architectes grecs de fixer les règles de leur art. On distingua trois genres de construction, appelés *ordres* ou *styles*, et caractérisés par la dimension des colonnes et la forme des chapiteaux. Tous les monuments grecs sont, en effet, soutenus ou décorés à l'aide de

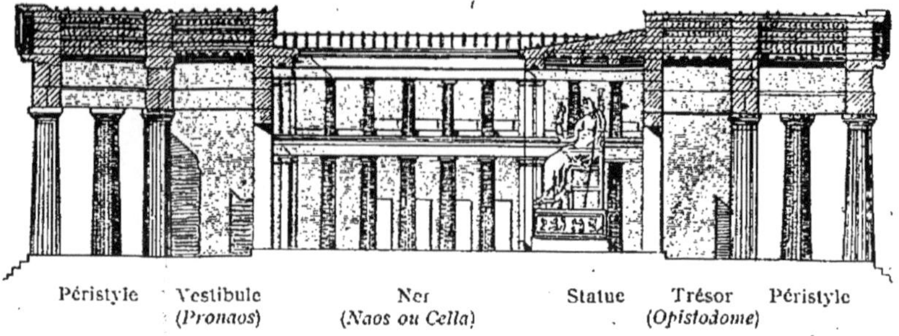

COUPE D'UN TEMPLE GREC. — Restauration du temple de Zeus à Olympie.

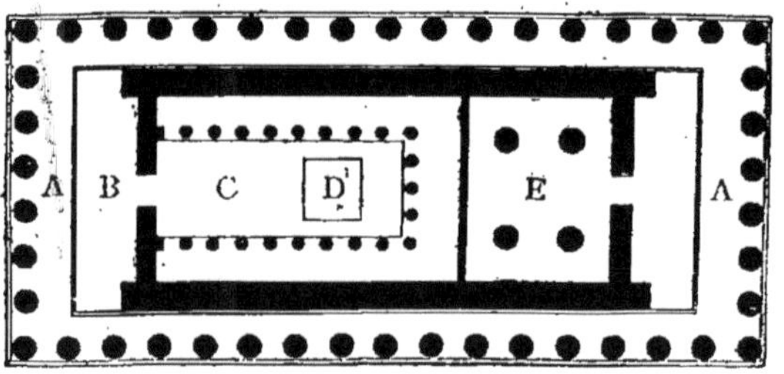

PLAN DU PARTHÉNON.
A, péristyle. — B, pronaos ou vestibule. — C, naos ou cella, nef. — D, statue. E, trésor.

colonnes. Certaines colonnes sont engagées dans la maçonnerie et s'appellent *pilastres*; d'autres sont remplacées par des statues debout appelées *cariatides*. Il y a trois ordres de colonnes : le *dorique*, l'*ionique* et le *corinthien*.

La colonne dorique repose directement sur le soubassement de l'édifice. Le chapiteau se compose d'une simple tablette de pierre. Les principaux temples du style dorique sont le Théséion et le Parthénon.

La colonne ionique repose sur une sorte de piédestal nommé *base*. Le chapiteau est orné de deux *volutes* en forme de cornes de bélier et garni, à la partie supérieure, d'une rangée d'œufs ou

Le Temple de Thésée ou Théséion. — D'après une photographie.

Antérieur de 30 ans au Parthénon, il est le mieux conservé des temples anciens et un chef-d'œuvre de l'ordre dorique. Les colonnes ont seulement $5^{m},70$ de haut, celles du Parthénon ont 10 mètres.

oves. L'Érechteion et le temple de la Victoire appartiennent à ce style.

La colonne corinthienne est postérieure aux deux autres. Son chapiteau, beaucoup plus riche, représente un bouquet de feuilles d'acanthe.

LE TEMPLE GREC Le Parthénon est le type du temple grec. C'est un bâtiment en forme de carré long, de petites dimensions, car il n'abrite pas des foules comme nos églises, mais seulement la statue de la déesse. Il est entouré

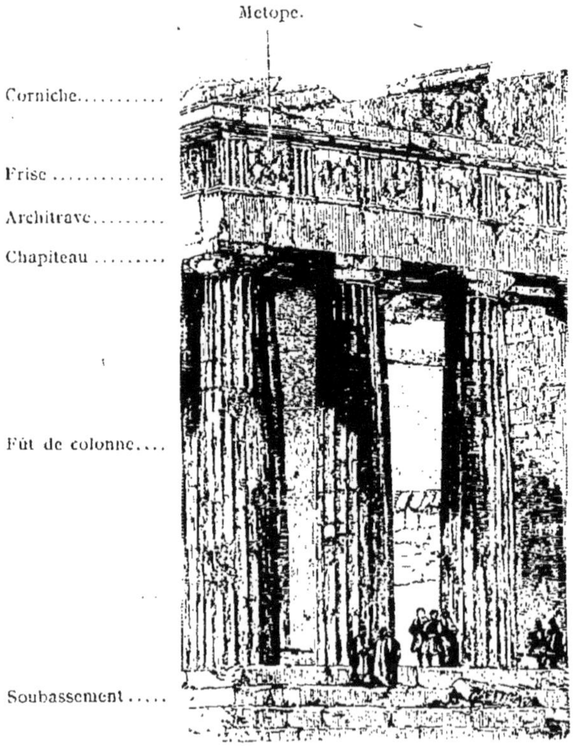

Angle nord-ouest du Parthénon.

d'une colonnade formant galerie et couvert d'un toit à plans inclinés. Sa richesse est dans la façade. Sur un soubassement formé de gradins s'élèvent les colonnes qui supportent une bordure appelée *architrave*, surmontée de la *frise* faite de dalles droites et couronnée d'une *corniche*. La frise est couverte de bas-reliefs qui représentent la procession des Panathénées. A la partie antérieure, la corniche est surmontée d'un *fronton* triangulaire qui masque la toiture. Sur le fronton, Phidias avait sculpté la naissance d'Athéné. Le temple était divisé, à l'intérieur, en trois parties : le vestibule, *pronaos*; la nef, *naos* et l'arrière-temple où se trouvait le trésor d'Athéné. La décoration était complétée par des ornements de bronze et aussi par des couleurs dont les traces subsistent, mais dont nous connaissons mal l'emploi.

STATUETTE DE TANAGRA.

Femme enveloppée dans l'himation et tenant un éventail.

L'art en Grèce n'avait pas uniquement un caractère solennel et grandiose; il s'appliquait aussi à de menus objets, à ce que nous appelons des bibelots. *Parmi les œuvres les plus charmantes de l'art grec, il faut noter les statuettes de terre cuite, rehaussées de couleurs, qui se fabriquaient surtout à Tanagra, près d'Athènes.*

LA SCULPTURE La sculpture grecque joue un grand rôle dans l'ornementation des temples, mais elle est aussi un art indépendant. Les statues de cette époque comptent parmi les plus belles qui aient jamais été faites, et nos musées en conservent pieusement les restes. Phidias et ses émules avaient su allier la majesté égyptienne et le réalisme assyrien dans un art qui est demeuré l'expression même de la beauté parfaite.

Les statues étaient en marbre, en bronze, quelquefois en or et en ivoire. Nous voyons maintenant ces statues de marbre abîmées par le temps, toutes blanches et les yeux vides. Elles avaient alors les orbites garnies d'yeux en émail, le corps peint de légers tons de chair et les draperies étaient rehaussées de couleurs. Ces dieux et ces héros étaient des hommes plus beaux que nature, mais ils restaient des hommes.

LA PEINTURE Les Grecs peignaient leurs tableaux, comme les Égyptiens, sur l'enduit des murailles. Ils ne connaissaient donc que la peinture à la *fresque*. Ils employaient aussi la peinture à la cire chaude ou *encaustique*.

Mais ils employèrent surtout la peinture pour la décoration des vases et des statuettes qu'ils fabriquèrent en si grand nombre. Les sujets mythologiques ou familiers qu'ils peignirent sur leurs poteries noires, rouges ou blanches, nous donnent de précieux renseignements sur la civilisation grecque. L'art de la terre cuite fut, du reste, un art grec par excellence ; l'élégance des formes et la beauté du dessin rendirent célèbres ces vases et ces statuettes et en firent un des principaux objets du commerce athénien.

LES PANATHÉNÉES

Les fêtes religieuses d'Athènes, les plus magnifiques de la Grèce, donnèrent aux arts un grand essor. On leur consacrait au moins 80 jours par an, et l'on donnait de l'argent aux citoyens pauvres pour qu'ils puissent y assister. On célébrait surtout les fêtes d'Athéné, les *Panathénées*, celles de Dionysos, les *Dionysies*, et de Déméter, les *Eleusinies*.

Les *Panathénées*, fêtes de la déesse protectrice de la ville, étaient les plus belles et comme la fête nationale d'Athènes. Elles débutaient par des jeux publics, représentations à l'Odéon, concours athlétiques au Stade, courses à l'Hippodrome et régates au Pirée. Les jeux se terminaient par une procession solennelle où toute la cité montait à l'Acropole offrir à la déesse un voile que portait une galère montée sur roues.

« En tête, dit Taine, étaient les pontifes, des vieillards choisis parmi les plus beaux, des vierges de famille noble — les canéphores, — les députations des villes alliées avec des offrandes, puis des métèques avec des vases et des ustensiles d'or et d'argent ciselé, les athlètes à pied ou sur leurs chevaux, ou sur leurs chars, une longue file de sacrificateurs et de victimes, enfin le peuple en habits de fête. La trière sacrée se mettait en mouvement, portant à son mât le voile d'Athéné, que les jeunes filles nourries dans l'Érechtéion avaient brodé. Puis on détachait le voile pour l'apporter à la déesse, et le cortège montait l'immense escalier de marbre long de 34 mètres, large de 23, qui conduisait aux Propylées, vestibule de l'Acropole. Ce plateau abrupt et tout consacré aux dieux disparaissait sous les monuments sacrés, temples, chapelles, colosses, statues ; mais, de ses 133 mètres de haut, il dominait toute la contrée. »

THÉATRE DE DIONYSOS. — D'après une photographie.

Il pouvait contenir 30 000 personnes; les gradins où s'asseyaient les spectateurs et qui formaient l'amphithéâtre, *étaient adossés à la colline de l'Acropole. Le demi-cercle vide au milieu était* l'orchestre : *au centre, il y avait un autel autour duquel évoluait le chœur. A gauche, les ruines de la* scène.

LE THÉATRE

Aux fêtes de Dionysos il y avait des représentations dramatiques qui n'étaient pas des entreprises de spectacle, mais des concours publics. Les auteurs concurrents recevaient des archontes une troupe d'acteurs et un *chœur*, car les pièces grecques étaient, comme nos opéras comiques, un mélange de scènes parlées et de scènes chantées.

AUTEUR TRAGIQUE.
D'après une statuette d'ivoire.

Il a la tête enfermée dans un énorme masque. Il est vêtu d'une longue robe et haussé sur de très hauts patins.

FIGURANTS AVANT L'ENTRÉE EN SCÈNE.
D'après un vase peint.

La figuration était nombreuse et brillante. Figurants et acteurs portaient un masque qui grandissait et grossissait la figure. Ici les figurants, des satyres du cortège de Dionysos, ont leurs masques à la main.

Cela s'explique par leur origine religieuse. On avait commencé par fêter Dionysos en chantant des rondes autour de son autel. Peu à peu on mêla au chant des monologues, puis des dialogues. Au lieu de célébrer les aventures de Dionysos, on célébra les aventures d'autres dieux ou de héros, et l'on arriva ainsi à représenter, avec des personnages et des chœurs, des pièces sérieuses qui furent les tragédies et des pièces comiques qui furent les comédies. Les poètes ***Eschyle, Sophocle*** et ***Euripide,*** pour la tragédie, ***Aristophane,*** pour la comédie, augmentèrent le nombre des acteurs, varièrent les sujets et créèrent l'art dramatique.

Les représentations avaient lieu dans un vaste théâtre en plein air qui contenait 30000 personnes; les femmes ne pouvaient assister qu'aux tragédies. Le théâtre se divisait en 3 parties : les gradins ou *amphithéâtre* pour les spectateurs; la *scène* pour les acteurs; l'*orchestre* ou espace vide entre les gradins et la scène, pour le chœur. Les décorations étaient simples, mais l'art des machinistes était très avancé. Les acteurs, tous hommes, portaient des masques représentant des personnages de tradition et destinés à renforcer la voix. Il n'y avait donc pas de jeux de physionomie, et cette immobilité de la figure les faisait ressembler aux poupées de notre Guignol. Les acteurs de tragédie avaient de hautes coiffures, de grandes robes et des chaussures à patins appelées *cothurnes*. Les acteurs comiques n'avaient que des *brodequins*. Ces costumes et ces masques, destinés à grandir les acteurs, étaient rendus nécessaires par les dimensions mêmes du théâtre. A l'origine le peuple nommait le vainqueur par acclamations, et les pièces qu'il couronna nous paraissent encore des chefs-d'œuvre, tant était sûr le goût de cette nation d'élite.

LE SIÈCLE DE PÉRICLÈS

La splendeur artistique et littéraire d'Athènes se résume dans l'énumération des grands noms qui illustrèrent le siècle de Périclès. Ce sont les poètes tragiques Eschyle, Sophocle et Euripide; le poète comique, Aristophane. Ce sont les historiens : Hérodote, Thucydide et Xénophon. L'architecte Ictinus bâtit le Parthénon; Callimaque, l'Érechtéion. Phidias sculpte l'Athéné et le Zeus d'Olympie. Polygnote peint le Pœcile. A Miron, le sculpteur du *Discobole*, va succéder Praxitèle, le sculpteur de l'*Hermès*. Une foule de philosophes attirent autour d'eux les disciples. Pour préparer les orateurs à l'éloquence, des maîtres de rhétorique, appelés *sophistes*, enseignent l'art de traiter tous les sujets. Au-dessus d'eux brille la grande âme de Socrate. Périclès pouvait dire avec raison qu'Athènes était « l'école de la Grèce ».

CHAPITRE VIII

DECADENCE D'ATHÈNES

RIVALITÉ DE SPARTE ET D'ATHÈNES

Les victoires d'Athènes, son relèvement rapide après sa destruction, le succès de la ligue de Délos, avaient fait de cette ville une puissance de premier ordre. Ses voisines, Thèbes et Corinthe, inquiètes de son ambition, s'unirent à Sparte pour faire échec à ses projets d'agrandissement. La Grèce se trouva partagée en deux confédérations : l'une composée des États du Péloponèse et de la Grèce centrale, sous la direction de Sparte; l'autre comprenant les îles et les côtes de la mer Égée, sous la direction d'Athènes. Dès lors une triple rivalité opposa les deux villes l'une à l'autre : 1° rivalité d'ambition et d'intérêts; 2° rivalité de race entre Doriens et Ioniens; 3° rivalité politique entre une aristocratie et une démocratie.

Cette situation devait amener, moins de dix-huit ans après la fin des guerres médiques, une guerre entre Grecs. Mais cette guerre ne fut pas seulement la querelle des deux états qui se disputaient la suprématie. Le monde grec tout entier prit part à la lutte : car Sparte eut pour alliés tous les Doriens de Grèce, d'Asie et d'Italie, pendant qu'Athènes groupait autour d'elle tous les Ioniens. En outre, dans toutes les villes, les divisions politiques entre aristocrates et démocrates tournèrent à la guerre civile, les premiers étant soutenus par Sparte, les autres par Athènes. On se battit avec une férocité et un acharnement inouis et l'on se battit jusqu'aux extrémités du monde grec, en Sicile et en Thrace.

L'occasion de la guerre fut une révolte de Corcyre contre sa métropole, Corinthe. Athènes soutint Corcyre, et les Corinthiens se plaignirent à leurs alliés Péloponésiens qui décidèrent la guerre contre Athènes. Cette guerre dura vingt-sept ans (431-404) et s'appela la *guerre du Péloponèse.* Elle eut pour témoins les historiens Thucydide et Xénophon qui l'ont racontée.

GUERRE DU PÉLOPONÈSE

On peut diviser la guerre en trois périodes : 1° la guerre de Dix ans; 2° l'expédition de Sicile; 3° la guerre de Décélie.

I. On se borna d'abord, du côté des Spartiates, à envahir et ravager l'Attique; du côté des Athéniens, à piller les côtes du Péloponèse. C'était le plan de Périclès qui voulait qu'Athènes négligeât les conquêtes territoriales et restât maîtresse de la mer. Au milieu des paysans, réfugiés en grand nombre dans Athènes pour échapper aux incursions de l'ennemi, éclata une peste terrible qui décima la population et enleva Périclès (429). Un homme nouveau, le tanneur *Cléon*, lui succéda dans la faveur du peuple et fit décider un coup de main qui amena la capture de 300 Spartiates dans l'île de *Sphactérie*, sur la côte ouest du Péloponèse. Sparte alors voulut affamer Athènes en occupant la Thrace d'où elle tirait son blé. Son général Brasidas prit *Amphipolis*. Cléon partit pour reprendre la ville et périt sous ses murs ainsi que Brasidas. On signa alors la paix de Nicias (421) par laquelle les deux États se restituaient leurs conquêtes.

II. Les Athéniens s'engouèrent alors d'un neveu de Périclès, *Alcibiade*, le plus riche et le plus beau des Grecs, que ses excentricités, plus encore que ses qualités, rendirent populaire dans ce peuple de badauds. Son ambition rêva de grands projets. Il persuada aux Athéniens qu'on viendrait à bout de Sparte en conquérant les cités doriennes de Sicile, et en tenant la mer de tous côtés. Les sujets de la ville de *Syracuse*, la plus puissante de ces cités, étaient en pleine révolte. Athènes résolut de les soutenir et une expédition de 134 navires et de 10 000 hommes partit au milieu d'un enthousiasme délirant (415). Alcibiade n'alla pas loin; accusé de sacrilège il se sauva chez les Spartiates. Son collègue Nicias mena le siège avec mollesse. Syracuse put recevoir de Sparte des secours et un bon général, Gylippe, qui sut enfermer les Athéniens dans leurs tranchées et les transformer d'assiégeants en assiégés. Malgré les secours reçus, ils échouèrent dans un assaut; leur flotte bloquée dans la rade fut détruite et ils levèrent le siège en tentant une retraite qui fut un désastre complet. Tous périrent ou furent faits prisonniers (414).

III. Athènes semblait perdue; sa flotte était détruite ainsi que son armée; Sparte avait mis une garnison dans la forteresse de *Décélie* aux portes de l'Attique et négociait avec le parti aristocratique. Dans un bel élan de désespoir on reconstruisit une flotte. Les opérations eurent pour théâtre principal le nord-est de la mer Égée parce que c'était de Thrace et par le Bosphore que les Athéniens tiraient leur blé. Alcibiade rentré en grâce reconquit les côtés d'Asie et de Thrace. Exilé de nouveau, il céda la place à *Conon* qui vainquit les Spartiates aux îles *Arginuses*, entre l'île de Lesbos et la côte d'Asie. Les Athéniens reprirent confiance au point de mépriser la flotte que l'habile général spartiate *Lysandre* avait levée avec l'argent des Perses, devenus les alliés de Sparte. Lysandre les surprit à *Aigos Potamos*, sur les Dardanelles, et anéantit leur flotte. Puis il vint mettre le siège devant Athènes qui, décimée par la famine et trahie par les aristocrates, se rendit aux Péloponésiens (404). Les vainqueurs lui imposèrent de dures conditions : elle dut raser les Longs Murs et les forts du Pirée, livrer ses vaisseaux sauf douze, rappeler les bannis et être l'alliée de Sparte.

CARACTÈRE DE LA GUERRE

La guerre eut un caractère sauvage et les adversaires y firent preuve d'une véritable cruauté. Au début les Spartiates égorgèrent les défenseurs de Platées. Les Athéniens massacrèrent les nobles à Corcyre. Les Syracusains firent périr la plupart de leurs prisonniers Athéniens dans les carrières appelées *latomies*. Dans la dernière période, énervés de la durée de la lutte, les Athéniens pensèrent en hâter la fin en terrifiant leurs adversaires. Ils avaient décrété qu'on mutilerait tout prisonnier fait à la mer. Même ils mirent à mort les équipages de deux galères. Aussi après Aigos-Potamos Lysandre fit-il égorger de sang-froid les 3000 prisonniers Athéniens et donna-t-il lui-même le signal du massacre en tuant l'un des généraux.

CONSÉQUENCES DE LA GUERRE

La victoire de Sparte était la fin de la puissance d'Athènes. Les anciens alliés de Délos à qui on avait promis la liberté ne firent que changer de maîtres et la Grèce entière sembla un moment former un empire spartiate. Dans chaque ville il y eut un gouvernement aristocratique dévoué à Sparte et pour soutenir ce gouvernement une garnison spartiate. Les Perses continuaient de fournir l'argent nécessaire à cette domination. Mais la cruauté des vainqueurs excita bientôt les révoltes et Athènes en donna le signal.

Athènes était gouvernée par un conseil aristocratique de 30 membres, surnommés les *Trente Tyrans*. Ils exilèrent ou firent périr plus de 1500 démocrates. Leur joug devint si odieux qu'une

LES CARRIÈRES DE SYRACUSE.

Les Syracusains tinrent enfermés, pendant plus de deux mois, les prisonniers Athéniens — plusieurs milliers d'hommes — dans des carrières, les latomies, *à ciel ouvert. A peine nourris, exposés à toutes les intempéries, ceux-ci moururent en grand nombre. Les survivants furent vendus comme esclaves.*

troupe d'exilés, commandés par *Thrasybule*, rentra dans Athènes avec la complicité du peuple, chassa les Tyrans et rétablit la démocratie. Pour mettre fin aux guerres civiles on vota *l'amnistie*, c'est-à-dire l'oubli des injures, et Athènes put redevenir une grande cité.

SOCRATE

On avait voté l'amnistie, mais la rancune populaire se manifesta longtemps contre les nobles et leurs amis. Socrate, injustement compris dans leur nombre, fut une victime innocente de cette réaction.

Le philosophe ***Socrate*** parut toute sa vie un homme extraordinaire à ses concitoyens. Homme intègre, soldat courageux, il refusait de s'occuper de politique. Pauvre, il ne faisait pas payer ses leçons comme les autres philosophes. Enfin il était laid, ce qui était un grave défaut pour les Athéniens. Il n'enseignait pas dans une école, mais il se promenait, entouré d'un cercle d'admirateurs et de disciples auxquels il posait des problèmes de philosophie, qu'il discutait en conversations familières. Certains philosophes cherchaient à expliquer les lois de la nature; d'autres, appelés *sophistes*, enseignaient l'art de raisonner et de soutenir indifféremment toutes les opinions. Socrate fit consister la philosophie dans la morale. Le premier de tous les préceptes fut pour lui le fameux « connais-toi toi-même. » Avec une grande hauteur de vues il montrait la distinction du bien et du mal, l'immortalité de l'âme, et l'existence d'une Providence supérieure à tous les dieux particuliers. Il eut un grand ascendant sur tous les esprits cultivés de son temps, tels que Périclès, Alcibiade, et sa doctrine nous a été trans-

SOCRATE. — D'après un buste du Vatican.

Le nom gravé au-dessous de ce buste ne prouve nullement que ce soient bien là les traits de Socrate. Cependant on l'imagine volontiers avec cette physionomie empreinte de bonhomie et de finesse.

mise par deux de ses disciples, dans les Mémoires de Xénophon et dans les admirables Dialogues de **Platon**, le fondateur de l'école appelée l'Académie.

Incompris du peuple parce qu'il avait critiqué certaines parties de la constitution d'Athènes, il fut accusé d'avoir favorisé les Trente et de corrompre la jeunesse, en enseignant des doctrines contraires à la religion de la cité. Malgré cette accusation, on avait résolu de ne pas le condamner à mort, mais Socrate se plut à irriter ses juges en disant : « Pour m'être consacré au service de ma patrie en travaillant à rendre mes concitoyens vertueux, je propose de me condamner à être nourri dans le Prytanée, aux frais de l'État. » Cette provocation décida de la condamnation.

Les condamnés à mort buvaient un poison préparé avec de la ciguë. Socrate but le poison au milieu de ses amis en larmes, et mourut à 70 ans avec la sérénité d'un grand homme de bien et d'un martyr de la raison humaine (399).

CAUSES DE LA DÉCADENCE D'ATHÈNES

Après la guerre du Péloponèse, Athènes, grâce à sa vitalité remarquable, réussit à reprendre un rang honorable dans la Grèce. Elle resta la capitale de la civilisation grecque, mais elle fut dépossédée de son empire maritime. Trois causes amenèrent cette décadence : une confiance orgueilleuse dans ses forces ; un trop grand souci des intérêts particuliers ; l'extrême mobilité d'esprit de sa démocratie, incapable de poursuivre de longs desseins. En effet, elle traita ses alliés avec une grande rigueur ; elle exigea d'eux, par la force, de lourds tributs, et ne se préoccupa pas de gagner leur affection. En outre, ses citoyens perdirent dans la prospérité une partie des qualités de leurs ancêtres. Ils songèrent moins à la grandeur de l'État qu'à leur fortune personnelle. Ils firent la guerre et la paix au hasard de leurs intérêts commerciaux, souvent avec un grand dégoût du métier des armes. Enfin le peuple qui décidait de tout par ses votes, se montra d'une incroyable légèreté. Il rêvait un jour la conquête du monde, et peu de temps après, regrettait sa décision au premier revers. Quand la grande voix de Périclès cessa de le diriger, il n'écouta plus que ceux qui flattaient ses passions, passa son temps à changer de conseillers et de politique, et s'épuisa en vaines querelles qui facilitèrent beaucoup la victoire des Spartiates.

LES DÉMAGOGUES

Ceux qui menaient le peuple, les *démagogues*, étaient des orateurs, qui envisageaient moins la grandeur de la patrie, que la popularité et les profits qu'elle leur assurait. Ils suivaient l'opinion publique, ils exprimaient les haines ou les enthousiasmes des électeurs, flattaient leurs passions, et par ce moyen ils obtenaient de leurs suffrages les pouvoirs et les honneurs. Tel fut le rôle de Cléon et d'Alcibiade pendant la guerre du Péloponèse.

Cléon, tanneur de son métier, plaisait au peuple par la modestie de son origine, sa haine des nobles, son éloquence rude et forte, et la hardiesse de ses propositions. Il est le premier citoyen de basse naissance, qui ait exercé à Athènes la direction des affaires. Cléon n'avait ni la solide instruction, ni l'éducation politique de Périclès; mais il fut entreprenant et brave. Il sut payer de sa personne et mourut à la guerre d'Amphipolis, qu'il avait fait voter.

Alcibiade fut un démagogue de haute naissance. Il prétendait continuer la politique de Périclès, son oncle, et ses talents justifiaient cette prétention. La nature l'avait comblé de ses dons. Il était le plus beau et le plus riche d'Athènes en même temps que bon soldat et habile orateur. Il fut l'enfant gâté des Athéniens qui aimaient tout de lui, ses discours, ses largesses et même ses extravagances. Mais c'était un vaniteux affolé de réclame et incapable de maîtriser sa colère quand il était contrarié. Il lança Athènes dans l'aventure de Sicile, puis, une fois en exil, il eut l'infamie d'exciter les Spartiates et les Perses contre sa patrie. Mécontent de Sparte, il se remit au service d'Athènes qui, avec une indulgence étonnante, le reçut en enfant prodigue : on l'avait maudit publiquement, on lui pardonna. Mais on dut l'exiler de nouveau, car son ambition tapageuse faisait de lui un danger pour la république. Ce traître fut le mauvais génie de sa patrie.

SPARTE ET LES PERSES

Malgré les fautes des Athéniens, Sparte n'aurait pu avec ses seules forces venir à bout de sa rivale. Sparte en effet n'était puissante que sur terre, tandis qu'Athènes tenait la mer. Il fallait anéantir la flotte d'Athènes pour l'empêcher de recevoir les blés de Thrace et l'argent des Ioniens. Ce fut le plan du Spartiate Lysandre qui, pour l'exécuter, n'hésita pas à s'allier aux Perses. Ceux-ci trouvèrent l'occasion favorable de se venger de leurs anciens échecs et fournirent à Lysandre de l'or et des vaisseaux, avec lesquels il gagna la bataille d'Aigos-Potamos. L'or perse devint dès lors le maître de la Grèce, en servant à entretenir les divisions. Les Athéniens et les Thébains en reçurent pour se révolter contre Sparte. Les Spartiates en reçurent pour dominer la Grèce. Bientôt le Grand Roi exigea d'eux le prix de ses services et il obtint de Sparte le traité d'*Antalcidas* qui annulait le traité de Cimon et remettait les Grecs d'Asie sous le joug de la Perse. Cette honte infligée par Sparte à la Grèce était pour les Perses la revanche des guerres médiques (387).

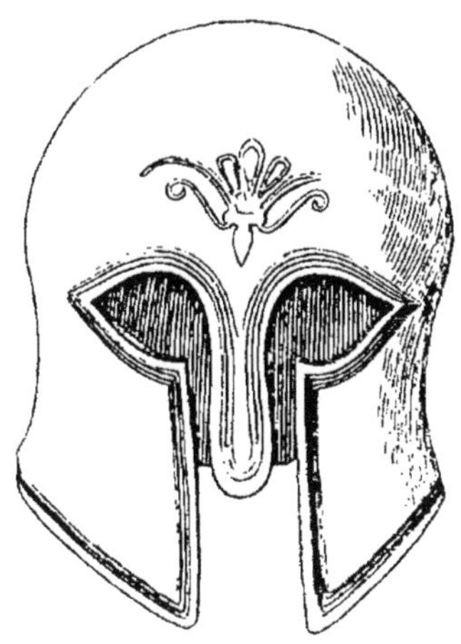

CASQUE GREC EN BRONZE.

CHAPITRE IX

SUPRÉMATIE DE LA MACÉDOINE
PHILIPPE ET ALEXANDRE

ÉTAT DE LA GRÈCE VERS 360

Vers 360, environ quarante ans après la fin de la guerre du Péloponèse, Sparte avait perdu sa suprématie; Athènes avait refait en partie son empire maritime; Thèbes, grâce à deux grands hommes de guerre, Pélopidas et Épaminondas, venait d'avoir dix années d'éphémère grandeur. Aux batailles de Leuctres (371) et de Mantinée (362), Épaminondas, organisateur de l'armée thébaine et créateur d'une tactique nouvelle, avait montré que les Spartiates n'étaient plus invincibles. Mais ses deux généraux étant morts, Thèbes retombait au rang de seconde puissance. La Grèce était donc divisée en trois États à peu près égaux en force : Sparte, Athènes et Thèbes. Tous les trois prétendaient dominer et aucun des trois n'était assez fort pour triompher des deux autres ligués contre lui. Pendant ce temps, chez les peuples barbares du Nord des royaumes s'étaient organisés à la grecque; l'un de ces royaumes, *la Macédoine*, sous un prince entreprenant, allait triompher des Grecs et Philippe II allait réaliser l'unité de la Grèce par la conquête.

LA MACÉDOINE

La Macédoine est la portion de la Turquie d'Europe comprise entre la Strouma, le *Strymon* des Grecs, et l'Albanie, autrefois l'*Illyrie*. C'est un pays de hautes montagnes jadis couvertes de forêts, aujourd'hui en grande partie dénudées, enveloppant des plaines circulaires, fonds d'anciens lacs d'une extrême fertilité : les régions bien arrosées donnent jusqu'à trois récoltes par an. Les vignobles nombreux étaient célèbres dans l'antiquité. Les Macédoniens étaient de robustes paysans, d'humeur belliqueuse, grands chasseurs et grands buveurs, demi-barbares, demi-grecs. Ils parlaient une langue dérivée du grec et leurs rois, de race grecque, avaient droit de concourir aux jeux olympiques.

La bordure de colonies, que les Athéniens avaient créées sur les côtes de leur pays, les isolant de la mer, ils ignorèrent le commerce et restèrent des laboureurs jusqu'au jour où ils devinrent des conquérants. Mais au contact des Grecs les rois et les nobles éprouvèrent le désir de passer pour des Grecs. Ils adoptèrent les dieux et les modes de leurs voisins ; ils fondèrent une capitale nouvelle, *Pella*, plus rapprochée de la côte et du monde hellénique que l'ancienne. Quand ils ne bataillaient pas contre les barbares voisins ils cherchaient à s'initier aux arts de la Grèce et même à se mêler aux querelles des Grecs. C'est de cette façon que Philippe, encore jeune, fut emmené à Thèbes en otage par Pélopidas.

PAYSAN MACÉDONIEN. — D'après une photographie de M. Albert Malet.

Les Macédoniens actuels ne descendent guère de ceux de Philippe. Ils sont surtout Slaves. Le costume consiste dans une veste de feutre noire à grand col marin, un gilet à manches, une haute ceinture autour de la taille, un pantalon de drap blanc gansé de noir, très large de fond et serré à la jambe par les courroies de la sandale. Pour coiffure l'antique calotte de feutre blanc.

PHILIPPE II

A Thèbes, Philippe fut élevé à la grecque. Il apprit l'art de l'éloquence et l'art militaire avec toutes les nouveautés qu'y avaient ajoutées les Thébains. Il apprit surtout à connaître les hommes et les choses de la Grèce. Il sentit qu'il n'y avait plus de force véritable dans ces petites cités qui se faisaient la guerre avec des soldats mercenaires et de l'argent étranger venu de Perse. En outre, beaucoup de citoyens étaient las de ces guerres stériles. Le goût du luxe avait tué l'ancien esprit de sacrifice à la cité. Tous souhaitaient une paix durable et étaient prêts à subir la domination de celui qui l'imposerait, pourvu qu'il sût ménager leur vanité. Philippe résolut d'être celui-là.

Il avait l'énergie d'un barbare et l'esprit méthodique d'un Grec. Disposant de toutes les forces d'un pays neuf et surtout sachant bien ce qu'il voulait, il poursuivit avec autant de patience que de vigueur un plan qui semble avoir été : 1° de civiliser la Macédoine et d'en faire un État grec en lui donnant ses limites naturelles jusqu'à la mer ; 2° d'assurer sa suprématie sur toutes les peuplades des Balkans ; 3° de profiter des divisions des Grecs pour leur imposer sa domination et les pacifier en les unissant dans la haine des Perses pour une expédition en Asie. Ainsi de nos jours procéda le roi de Prusse réunissant en 1870 les divers états de l'Allemagne dans la haine commune de la France

Pour réussir Philippe sut employer la force, la ruse et l'argent.

L'ARMÉE MACÉDONIENNE

Philippe se créa d'abord une armée, calquée sur les armées grecques, mais supérieure par l'organisation et l'armement. Elle eut d'abord cette nouveauté d'être une armée permanente, tandis que les armées grecques, l'armée de Sparte exceptée, n'étaient que des milices, convoquées au moment de la guerre. Il trouva de bons soldats dans ses paysans macédoniens et de bons officiers dans ses nobles, plus batailleurs encore que civilisés. Il les soumit tous à une sévère discipline, à des marches forcées et à des manœuvres répétées.

PELTASTE. — D'après un vase peint.

Le Peltaste, soldat d'infanterie légère, avait un bonnet de peau, un petit bouclier et ne portait ni cuirasse, ni jambières, ni casque de métal. Il avait une lance légère et manœuvrait avec agilité, en tirailleur, sur les flancs de l'ennemi. Ici le Peltaste porte un grand manteau carré.

Le noyau de cette armée, toujours prête à entrer en campagne, fut la *phalange*, analogue à la phalange spartiate, mais de bien plus vastes proportions . La phalange simple était une masse de 4096 hoplites présentant un front de 256 hommes et 16 rangs de profondeur. Chaque homme était armé de l'épée et d'une lance de 6 m. 30 de long, appelée *sarisse*. Les six premiers rangs tenaient leurs lances inclinées de manière que les lances du sixième rang dépassaient d'un mètre la poitrine des hommes du premier. La phalange était ainsi une véritable forteresse mouvante, hérissée de six rangs de pointes de fer, qui balayait tout devant elle en terrain plat. Quatre phalanges simples formaient la grande phalange, une masse de plus de 16 000 hommes. En arrière et aux ailes se tenaient des corps d'infanterie légère, ou *peltastes*, semblables à ceux d'Athènes. Enfin la phalange s'avançait précédée d'un rideau de tirailleurs, archers et frondeurs, appelés *psilistes*.

Philippe, pour guerroyer dans les plaines du Nord, organisa une forte cavalerie. Il eut un corps de cavaliers d'élite appelés *cataphractes* ou cuirassiers, qui étaient entièrement couverts de fer comme des chevaliers du moyen âge.

Pour attaquer les villes grecques de la côte, il se prépara tout un équipage de machines de siège, qui avaient jusque-là manqué aux Grecs, bien que les Assyriens les connussent depuis longtemps. Cette espèce d'artillerie lui permit de faire une guerre de sièges qui surprit et terrifia les Grecs.

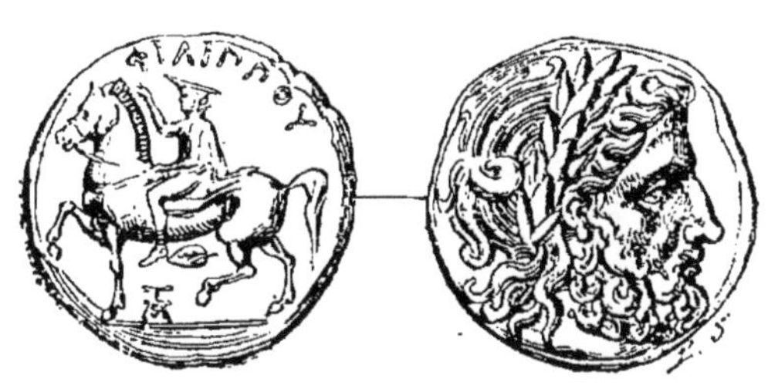

MONNAIE DE PHILIPPE.

Au droit Zeus couronné de lauriers. Au revers un cavalier avec l'inscription Philippe. La pièce est de quatre drachmes — tétradrachme — *soit environ 4 francs.*

Enfin il eut le nerf de la guerre, grâce aux mines d'or de la Thrace, et ses fameuses pièces d'or ou *Philippes* décidèrent en sa faveur bien des consciences hésitantes.

ATHÈNES ET DÉMOSTHÈNE

Dans la réalisation de ses projets, Philippe devait se heurter aux Athéniens. Il était leur ennemi né puisqu'il voulait arriver jusqu'à la mer et que leurs anciennes colonies couvraient la Chalcidique. Ils pouvaient lui résister; car leur flotte était encore puissante et ils conservaient la prétention de restaurer l'ancien empire maritime du temps de Périclès.

Mais si l'on faisait de grands rêves à Athènes, on était peu disposé à l'action et les esprits y étaient très divisés. Beaucoup d'orateurs trouvaient la lutte inutile. C'étaient *Eschine*, qu'on prétendait vendu aux Macédoniens; *Isocrate*, qui souhaitait la suprématie de la Macédoine pour l'unité de la Grèce; *Phocion*, qui ne jugeait pas sa patrie en état de soutenir la guerre. D'autres, au contraire, fidèles à l'idéal des ancêtres, n'admettaient pas que leur patrie pût devenir une province d'un grand empire grec. Ils restaient attachés à la vieille politique des cités indépendantes et rivales les unes des autres. Leur patriotisme, peut-être un peu étroit, mais fier et digne du respect et de l'admiration, s'incarna et s'immortalisa dans la personne de ***Démosthène***, le plus grand orateur de l'antiquité.

Démosthène avait une parole ardente et une grande ténacité de caractère. Ses débuts furent difficiles. Orphelin de bonne heure, ruiné par ses tuteurs, gêné par le bégaiement, rude dans ses discours, il triompha de tous les obstacles à force d'énergie, et devint l'orateur le plus écouté du peuple. Il vit dans Philippe l'ennemi de la puissance d'Athènes et de la liberté des Grecs, et ne cessa d'exhorter ses concitoyens à lui faire la guerre. Tel est le sujet de ses fameux discours, les *Philippiques* et les *Olynthiennes*. On l'entendait s'écrier : « Athéniens, nous sommes encore sains et saufs, possesseurs d'une admirable ville, d'immenses ressources, d'une belle renommée.... Il faut envoyer de l'argent à l'armée de Chersonèse, vous préparer vous-mêmes, et alors appeler les autres Grecs, et les réunir, les éclairer et les enflammer; voilà ce qui sied à une ville d'une aussi grande autorité. »

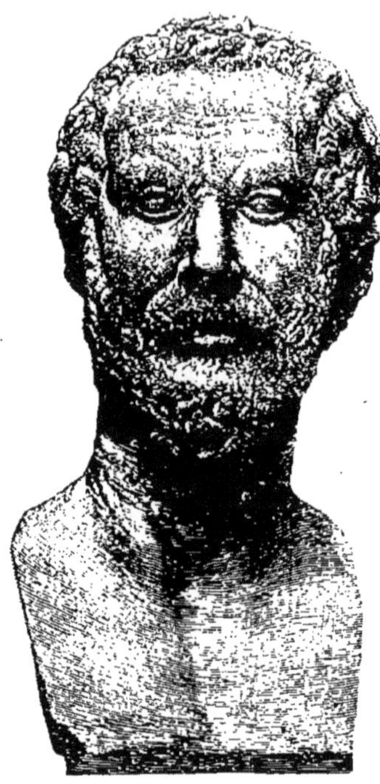

DÉMOSTHÈNE.
Buste du Musée Britannique.

Le buste du plus grand orateur de l'antiquité et du dernier grand patriote Athénien paraît être authentique. La physionomie avec le front plissé et les rides du nez a quelque chose de douloureux, mais en même temps de tenace et d'énergique.

Son éloquence réveilla à plusieurs reprises le courage des Athéniens et les détermina à la guerre aux heures décisives. Mais Philippe avait pour lui sa volonté, sa patience, sa force, son habileté prudente, ses partisans et les divisions intestines des Grecs

GUERRES DE PHILIPPE

Philippe mit vingt et un ans à réaliser ses desseins. Il ne se heurta pas de front aux Grecs; mais il sut adroitement exploiter leurs rivalités et se mêler à leurs querelles. Il affecta de bien traiter tous ceux qui s'adressaient à lui, et prit soin d'être toujours l'allié de quelque cité en lutte contre une autre. C'est ainsi qu'il soutint d'abord *Olynthe* contre Athènes, ce qui lui permit de prendre aux Athéniens Potidée, sur le golfe de Salonique, puis Amphipolis et Méthone. Après quoi il soutint Athènes contre Olynthe, qu'il prit à son tour; Athènes reconnut trop tard son erreur, et voulut, en vain, secourir son ancienne ennemie.

D'autre part, il s'introduisait une première fois en Grèce sous

CHAMP DE BATAILLES DE CHÉRONÉE.

Cette large plaine était particulièrement favorable aux évolutions de la phalange. On y voit encore aujourd'hui les débris d'un colossal lion de marbre, élevé à la mémoire des Thébains tombés sur le champ de bataille.

le couvert d'une guerre sacrée contre les Phocidiens coupables de sacrilège pour avoir labouré un champ appartenant au temple de Delphes. Il en profita pour occuper la Thessalie. Mais Athènes s'arma et Philippe s'arrêta pour un temps (352). Un sacrilège pareil, commis cette fois par les Locriens, lui fournit treize ans plus tard un nouveau prétexte d'intervention. Mais au lieu de marcher sur les Locriens, il marcha sur la Béotie. Les Athéniens s'armèrent à la voix de Démosthène et vinrent au secours des Thébains; les Spartiates, une fois de plus égoïstes, refusèrent leur concours. Les alliés furent écrasés à *Chéronée* (339). C'en était fait de l'indépendance des États grecs.

Chargé de prononcer l'éloge funèbre des citoyens morts sur le champ de bataille, Démosthène trouvait quelques semaines plus tard pour réconforter les vaincus des accents qui émeuvent encore la postérité : « Non, Athéniens, s'écriait-il, non, vous n'avez pas failli en courant à la mort pour le salut et la liberté de la Grèce ! Non, j'en jure par vos ancêtres tombés à Marathon, à Salamine, à Platées ! »

Philippe traita les Thébains sans pitié, mais accorda une paix honorable aux Athéniens (338). Il s'occupa dès lors de réunir les États grecs dans une sorte de confédération dont il serait le chef élu. Il convoqua les députés des cités à Corinthe, exposa ses projets sur l'Asie et se fit nommer généralissime contre les Perses. Les préparatifs d'une grande expédition, revanche des guerres médiques, étaient achevés en 336 et Philippe se préparait à partir quand il fut assassiné.

ALEXANDRE

Alexandre, fils de Philippe, avait vingt ans à la mort de son père. Il était déjà célèbre par sa beauté, son adresse de cavalier et son intelligence. On le vantait beaucoup d'avoir dressé un cheval indomptable, le fameux Bucéphale. On le glorifiait aussi d'avoir eu pour maître le grand philosophe ***Aristote***. On citait sa passion pour les lettres qui lui faisait emporter à la guerre l'***Iliade***. Il était d'un tempérament ardent et son ambition était impatiente de se donner carrière. Il avait montré de remarquables qualités militaires à la bataille de Chéronée, et son éducation raffinée avait ouvert son esprit aux plus larges idées. Il pouvait à la fois concevoir de grands projets et les exécuter.

DÉBUTS DU RÈGNE D'ALEXANDRE

Il commença par montrer à tous qu'il était bien un maître. La seconde femme de son père prétendait à la régence; il la fit tuer avec son fils. Une fois reconnu roi par les Macédoniens, il descendit en Grèce pour faire reconnaître sa suprématie. Les Athéniens se hâtèrent de lui envoyer une ambassade.

Satisfait de ce côté, il marcha contre les peuples qui bornaient la Macédoine au nord et étendit son empire jusqu'au Danube. Pendant qu'il était dans ces lointains parages, le bruit de sa mort courut. La Grèce se souleva aussitôt et une coalition formée par Thèbes se prépara.

Alexandre, revenu soudain de Thrace en sept jours, écrasa le soulèvement de Thèbes. La ville fut rasée et les habitants vendus comme esclaves. Quant à Athènes qui avait favorisé le mouvement, il voulut l'humilier en exigeant qu'on lui livrât Démos-

ALEXANDRE. — Buste du Musée du Louvre.

Le buste d'Alexandre est de ceux que l'on peut tenir pour authentiques. Il portait la tête inclinée sur le côté droit. L'absence de barbe ajoute à la jeunesse de la physionomie. La bouche est remarquablement petite et le menton ferme et volontaire.

thène. Mais il s'apaisa à la prière de Phocion et respecta en elle le foyer de la civilisation grecque.

Les Grecs étaient définitivement domptés et Alexandre allait à la fois satisfaire son ambition et flatter leur amour-propre, en reprenant les plans de son père contre l'Asie. Les délégués des cités grecques, réunis à Corinthe, le proclamèrent chef de la Grèce coalisée (333).

CHAPITRE X

LA CONQUÊTE DE L'ASIE

LE GRAND PROJET GREC

Alexandre allait réaliser le projet, que les Grecs caressaient depuis longtemps, de conquérir l'Asie et ses trésors. Athènes l'avait rêvé, Sparte l'avait tenté avec son roi Agésilas, à l'époque de sa suprématie. Mais personne n'avait été assez fort pour persévérer, et mener l'entreprise à bonne fin. Cependant la revanche des guerres médiques était une idée populaire en Grèce ; Philippe et Alexandre surent habilement exploiter cette idée pour masquer leur ambition.

Le moment était bien choisi. L'aventure des *Dix-Mille* venait de révéler la faiblesse de l'empire perse. C'était une bande de mercenaires que Cyrus, satrape d'Asie Mineure, avait recrutés à prix d'argent pour essayer de détrôner le Grand Roi, son frère. A Cunaxa, près de l'Euphrate, où il l'attaqua, Cyrus fut tué, mais les 10 000 Grecs restèrent maîtres du champ de bataille. Alors commença de l'Euphrate à la mer Noire une extraordinaire retraite, dirigée par Xénophon qui nous l'a racontée. Ils parcoururent en quinze mois 6400 kilomètres à travers mille difficultés, en pays inconnu, au milieu de populations hostiles, partout victorieux. Revenus en Grèce, ces héroïques aventuriers purent dire que leurs ennemis les plus redoutables avaient été la faim, la soif, le froid et les montagnes.

MACÉDONIENS ET PERSES

Alexandre emmenait avec lui ses meilleures troupes, 40 000 fantassins et 5 000 cavaliers. Soldats et chefs, rompus à la guerre, avides de gloire et de pillage, partaient pour vaincre ou mourir. Cette armée était forte par son organisation et son courage. Alexandre dut ses victoires à la puissance irrésistible de son élan, car il ne semble pas avoir inventé une nouvelle manière de combattre. Darius III lui opposait sa vieille armée perse, qui n'avait rien appris depuis les guerres médiques et qui ne savait même plus attendre le choc avec son antique courage. L'immense empire se disloquait ;

chaque satrape rêvait de se rendre indépendant et était prêt à trahir le Grand-Roi. Les peuples ne demandaient qu'à changer de maîtres. Les vraies difficultés de l'entreprise étaient donc l'immensité des pays à conquérir et l'hésitation des troupes européennes, effrayées de s'aventurer si loin de leur patrie. Alexandre triompha de ces obstacles à force d'audace intelligente et de volonté tenace.

CHAMP DE BATAILLE D'ISSUS, d'après le Dr Lortet, *la Syrie d'aujourd'hui.*

La bataille fut livrée dans l'étroite plaine serrée entre la montagne et la mer. C'est un point stratégique de la plus haute importance, le carrefour des routes venant d'Asie Mineure par les passes du Taurus, les Portes (Pyles) ciliciennes des Grecs, et des routes venant de l'Euphrate par les passes du Liban, les Portes syriennes.

CONQUÊTE DE L'ASIE MÉDITERRANÉENNE

Alexandre débarqua près de Troie et célébra aussitôt un sacrifice en l'honneur d'Achille : c'était le symbole de la coalition des Grecs contre les Asiatiques. Les Perses s'avancèrent à sa rencontre. Un Grec au service de Darius, Memnon le Rhodien, conseillait de faire le désert devant Alexandre et d'épuiser ainsi son armée. Les satrapes préférèrent l'attendre derrière le fleuve du *Granique*. Ils furent taillés en pièces. Sardes et toutes les villes de la côte se rendirent sans que la flotte perse intervînt (334).

L'année suivante, Alexandre remonta dans l'intérieur de l'Asie Mineure vers la Phrygie et concentra son armée à Gordium. Il y avait là un char dont le timon était fixé par un nœud de cordes très compliqué. Un oracle promettait l'empire d'Asie à qui le dénouerait. Alexandre trancha le nœud de son épée et fit voir que les dieux étaient pour lui. Il descendit alors vers le Taurus. Au point où l'Asie Mineure se soude à l'Asie, Darius, à la tête de 300000 hommes, essaya de lui barrer le passage, près d'*Issus*. L'armée perse fut culbutée et se retira derrière l'Euphrate (333).

Au lieu de la poursuivre, Alexandre, descendant le long de la côte de Syrie et de Phénicie, marcha sur l'Égypte. Sur son passage, Damas se soumit sans conditions. Tyr refusa de se rendre : elle fut emportée d'assaut après un siège de sept mois (332). Jérusalem fit bon accueil au vainqueur. L'Égypte l'accepta comme un libérateur et lui décerna le titre de fils d'Ammon, comme aux anciens pharaons. Alexandre accepta ce titre, ridicule aux yeux des Grecs, inaugurant ainsi une politique nouvelle qui consistait à se concilier les peuples soumis en respectant leurs traditions. Il bâtit alors *Alexandrie* pour réunir en une même ville les deux civilisations grecque et égyptienne.

ALEXANDRE, ROI DE PERSE

Darius effrayé essaya de traiter : mais Alexandre voulait être le seul maître de l'Asie. Il reprit le chemin de conquête des pharaons, remonta l'Euphrate, passa le Tigre et vint attaquer la formidable armée de Darius près d'*Arbèles*. Les Perses, grâce à leur nombre, comptaient envelopper les Macédoniens ; mais Alexandre déjoua leur plan en enfonçant leur centre (331). Abandonnant la poursuite des vaincus, il entra à Babylone, puis à Suse. Forçant les passes des montagnes, il occupa Persépolis et Pasargade. Une fois toutes les capitales de Darius conquises, il se mit à la poursuite du roi fugitif et marcha sur Ecbatane. C'est alors que Darius fut assassiné par un satrape, qui comptait par là se concilier Alexandre. Mais celui-ci fit exécuter l'assassin et rendit à la dépouille de Darius des honneurs royaux. Il se proclama alors roi de Perse et s'appliqua à gagner l'affection de ses nouveaux sujets. Il joua au Perse comme son père avait joué au

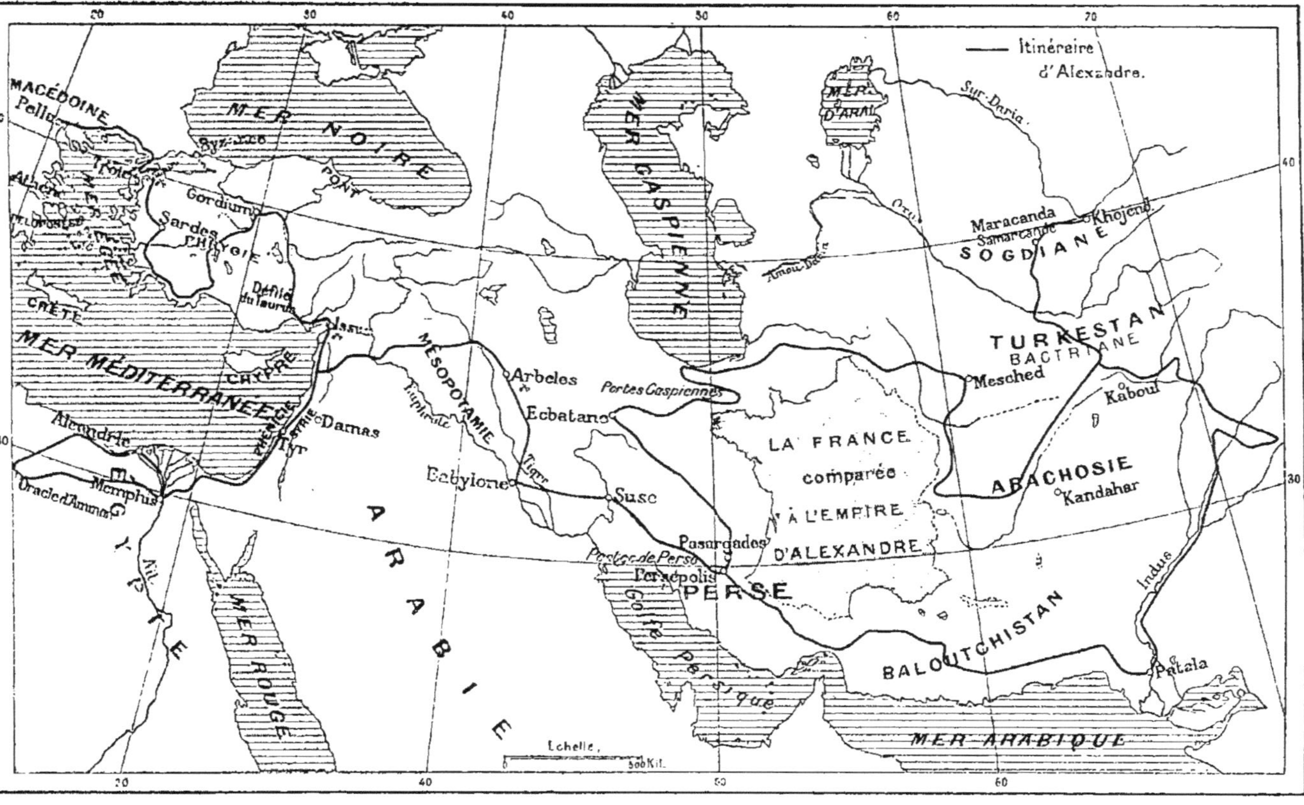

Empire d'Alexandre.

Grec. Il traita bien la famille de Darius, épousa une princesse perse, sacrifia aux dieux du pays et introduisit des Perses dans son armée. Mais en même temps il mena une vie de satrape adonné au luxe et à la débauche. Il devint vaniteux et irritable et fit périr plusieurs de ses lieutenants, coupables de l'avoir critiqué. L'armée, repue de gloire et de richesses, murmurait bien un peu, mais elle pardonnait au roi triomphant qui avait donné des boucliers d'argent aux soldats de sa garde.

CONQUÊTE DE LA HAUTE ASIE

Ces victoires n'avaient fait qu'exciter l'ambition d'Alexandre. Il rêva de faire de la Perse le trait d'union entre l'Europe et les peuples de la Chine et de l'Inde. Ce n'était pas une folie : car nos constructeurs de chemins de fer en Asie ne font que reprendre aujourd'hui ce plan commercial. Dans ce but, il se dirigea vers l'Arachosie, — l'Afghanistan, — qui commande les passes de l'Inde. Il y fonda des villes qui subsistent encore sous les noms de Mesched, Hérat, Kandahar et Kaboul. Puis il remonta vers la Bactriane — le Turkestan. Il employa deux ans et trois campagnes à s'établir solidement dans ce pays dont il voulait faire la barrière de son empire et le point de contact avec la race jaune, ce qu'ont fait les Russes de nos jours. Après avoir fondé les villes actuelles de Samarkand et de Khojend, il laissa une forte armée dans la Bactriane, où devait se conserver plus de sept siècles la civilisation grecque (330-328).

EXPÉDITION DANS L'INDE

Cela fait, il se tourna vers l'Inde et, en 327, franchit avec plus de 100000 hommes les défilés qui mènent au bassin de l'Indus. Il ne rencontra d'autre résistance que celle du rajah Porus dont il se fit un ami après l'avoir vaincu. Il eût voulu conquérir la vallée du Gange, mais son armée refusa d'aller plus loin. Il descendit alors l'Indus sur une flotte de 800 navires, tantôt accueilli comme un dieu, tantôt obligé de forcer le passage. Là encore il fonda des villes, qui ne durèrent pas, à cause du trop court séjour des vainqueurs (325).

RETOUR ET MORT D'ALEXANDRE

L'armée macédonienne revint à Babylone en trois colonnes par l'Afghanistan, la Gédrosie — le Béloutchistan — et le golfe Persique, qu'une flotte de guerre remontait ainsi pour la première fois. Alexandre commandait la colonne de Gédrosie, qui eut beaucoup à souffrir de la soif dans les déserts. Une fois à Babylone, où il reçut des honneurs divins, Alexandre réorganisa son empire au milieu des fêtes de toute sorte. Il entreprit alors de grands travaux et la construction d'un port qui devait mettre l'Asie grecque en relations suivies avec l'Inde par le golfe Persique. Il préparait une expédition contre l'Arabie quand il fut enlevé par une attaque de fièvre à l'âge de trente-trois ans (323).

COMBAT ENTRE GRECS ET ASIATIQUES.

Fragment des bas-reliefs en marbre du sarcophage de Sidon, dit Tombeau d'Alexandre, au musée de Constantinople. Un fantassin et un cavalier macédoniens au milieu de soldats asiatiques. Le fantassin a le casque, la cuirasse et les cnémides. Il tenait probablement une épée dans la main droite, de même que le cavalier. Les Asiatiques — l'un d'eux tend son arc : l'autre se couvre de son bouclier ; un troisième fuit désarmé — ont d'amples pantalons et une blouse serrée à la taille. La tête est enveloppée dans une sorte de passe-montagne, par-dessus lequel est placé un bonnet analogue à celui des Cosaques en Russie.

ES ROYAUMES GRECS

L'empire d'Alexandre s'étendait de l'Adriatique à l'Indus et des cataractes du Nil au Caucase. Le triomphateur ne laissait pas d'héritier et n'avait désigné personne pour lui succéder. Ses généraux se disputèrent sa succession et se partagèrent son empire : il en résulta une longue suite de guerres qui aboutirent, après la bataille d'Ipsus (301), à l'établissement de trois grands royaumes grecs :

1° Le royaume d'Égypte sous la dynastie des Ptolémées ;
2° Le royaume de Syrie où règna la dynastie des Séleucus ;
3° Le royaume de Macédoine avec la dynastie de Cassandre.

ŒUVRE D'ALEXANDRE

Alexandre avait conquis le monde pour l'unifier. Comme devait faire Bonaparte en Égypte, il avait emmené avec lui en Asie un état-major d'artistes, de philosophes et d'ingénieurs qui fondèrent des villes grecques tout le long de sa route triomphale. Les anciens comprirent bien l'importance de son œuvre. « Il n'écouta pas, dit Plutarque, ceux qui lui conseillaient de se conduire en prince avec les Grecs, en maître avec les Barbares. Pensant qu'il était envoyé par la Divinité pour être l'arbitre de tous et pour les unir, il réduisit par les armes ceux qu'il ne pouvait soumettre par la parole, en mêlant pour ainsi dire, dans la coupe de l'amitié, les coutumes, les mariages et les lois. Il voulut que tous regardassent le monde entier comme la patrie commune. »

Cette politique préparait de loin l'avènement de l'empire romain et de la religion chrétienne. Elle eut pour résultats immédiats : 1° la mise en circulation des richesses de l'Asie ; 2° le développement des relations commerciales entre l'Europe et l'Orient ; 3° la diffusion de la langue, de l'art et de la pensée des Grecs jusqu'aux steppes de la Sibérie et à l'Inde.

ALEXANDRIE

La vraie capitale de ce monde nouveau fut ***Alexandrie*** d'Égypte, résidence des Ptolémées. Bâtie au carrefour des routes d'Europe, d'Asie et d'Afrique, elle devint rapidement l'entrepôt de l'univers, et est encore un grand port aujourd'hui. Elle fut aussi une capitale intellectuelle, le lieu où les idées de l'Orient se mêlèrent à celles de l'Occident et d'où les idées, comme les marchandises, rayonnèrent sur le monde. Les Ptolémées y bâtirent un monument curieux dédié aux muses, le *Musée*. C'était à la fois une bibliothèque, une académie et une université. Pour la première fois, on organisait un enseignement et une science. Dans leurs chefs-d'œuvre les Grecs avaient atteint la beauté parfaite : les Alexandrins l'expliquèrent au reste du monde. Grâce à eux, la pensée grecque devint la pensée universelle.

IMPORTANCE DE L'HISTOIRE GRECQUE

Trois grands faits remplissent l'histoire grecque : les guerres médiques, la guerre du Péloponèse et la conquête macédonienne. Ces événements se sont succédé en fort peu de temps, car il ne s'écoule guère que deux siècles de la réforme de Solon à la mort d'Alexandre. Mais ces deux siècles comptent beaucoup plus dans l'histoire de l'humanité que les longues périodes des royautés d'Egypte ou d'Assyrie. C'est dans ce court espace de temps que se forment en Grèce toutes les grandes idées qui sont le fonds de notre civilisation : la patrie, la loi, l'art, la science, la philosophie. Voilà pourquoi nous insistons sur l'étude de cette histoire. Du reste le rôle de la Grèce ne finit pas avec son indépendance. Elle continue d'être l'éducatrice du monde. Par ses conquêtes Alexandre implante la civilisation grecque en Asie. Quand les Romains vont à leur tour conquérir et administrer le monde, ils se feront les élèves des Grecs. Athènes sera toujours la cité de Minerve, le rendez-vous des étudiants de tous les pays, la capitale intellectuelle des peuples; et derrière les légions romaines, ce sera la civilisation grecque qui envahira l'Europe et l'Afrique, comme elle avait envahi l'Asie derrière la phalange macédonienne.

Mesures. — Poids et Monnaies

	LONGUEUR		SURFACE	
		mètres		mèt. c.
Mesures de longueur et de surface.	Doigt	0,19	Pied carré .....,	0,095
	Pied	0,30		ares
	Coudée	0,46	Plèthre carré....	9,50
	Plèthre.	30,08		
	Stade	184,98		

	LIQUIDES		SOLIDES	
		litres		litres
Mesures de capacité.	Métrète	39,39	Médimne	52,53
	Chous	3,28	Hecteus.........	8,75
	Cotyle	0,27	Chénice.........	1,09

	POIDS		MONNAIES	
		grammes		francs
Poids et monnaies.	Obole.......	0,72	Obole	0,15
	Drachme....	4,36	Drachme........	0,95
	Mine........	436,6	Mine............	95,55
	Talent	26 196,2	Talent	5 733,00

Tétradrachme, environ 4 francs.

Drachme, 0,95.

Obole, 0,15.

MONNAIES D'ALEXANDRE.

Tête d'Alexandre, coiffé d'une tête de lion. Au revers Zeus appuyé sur son sceptre et tenant son aigle. Ces monnaies étaient en argent. Il existait également des pièces de 3 oboles, de 2 drachmes et de 10 drachmes. La mine et le talent n'étaient pas des monnaies, mais des valeurs comme est la guinée anglaise.

Tableau synchronique des principaux événements de l'histoire grecque.

Asie	*Athènes*	*Sparte*	*Macédoine*
1000-950. Salomon.	Le Royaume d'Attique. Thésée.	Conquête de la Laconie. — Lycurgue.	
749-606. Rois de Ninive. 606-538. Rois de Babylone. 546. Cyrus, roi de Perse. 521. Darius, roi de Perse. (1re guerre médique)	v. 750. Les Archontes. 594. Solon. 563-527. Pisistrate. 508. Clisthène. 490. Miltiade a Marathon.	743-668. Guerres de Messénie. Guerres contre Argos.	
485. Xerxès, roi de Perse. (2me guerre médique)	480. Thémistocle a Salamine.	480. Léonidas aux Thermopyles. 479. Pausanias a Platées.	Les Macédoniens alliés des Perses.
	476. Confédération de Délos. 449. Périclès.	. . . .	. . . .
405. Les Perses alliés de Sparte.	. . . . 413. Désastre de Sicile.	432. Guerre du Péloponèse. .	Les Macédoniens alliés de Sparte.
	404. Prise d'Athènes.	405. Lysandre a Aigos-Potamos.	. . . .
401. Cyrus, satrape d'Asie Mineure. — Expédition des Dix-Mille.	393. Conon relève les Longs-Murs.	387. Traité d'Antalcidas. 378-362. Guerres contre Thèbes. (Défaites de Leuctres et de Mantinée.)	. . . . 368. Philippe en otage a Thèbes. 359. Philippe II, roi de Macédoine.
	339. Démosthène 338. Paix avec Philippe.	. . . . 337. Philippe ravage la Laconie.	338. Bataille de Chéronée. . . . . 336. Alexandre.
335. Darius III.	335. Athènes soumise a Alexandre.	. . . .	. . . . 334-323. Conquête de l'Asie.
330. Fin de l'Empire Perse.	. . . .	. . . .	. . . . 323. Alexandre meurt a Babylone.

TABLE DES MATIÈRES

49340. — Paris, Imprimerie Lahure, 9, rue de Fleurus.

www.ingramcontent.com/pod-product-compliance
Ingram Content Group UK Ltd.
Pitfield, Milton Keynes, MK11 3LW, UK
UKHW021003230726
13924UKWH00009B/1594

9 782019 956929